숨겨진
보화

숨겨진
보화

초판 1쇄　2009년 2월 20일

김광덕 지음

발 행 인 | 신경하
편 집 인 | 김광덕

펴 낸 곳 | 도서출판 kmc
등록번호 | 제2-1607호
등록일자 | 1993년 9월 4일

(100-101) 서울특별시 중구 태평로1가 64-8 감리회관 16층
(재)기독교대한감리회 출판국

대표전화 | 02-399-2008, 02-399-4365(팩스)
홈페이지 | http://www.kmcmall.co.kr
　　　　　 http://www.kmc.or.kr

디자인 · 인쇄 | 리더스 커뮤니케이션 02)2123-9996/7

값 10,000원
ISBN　978-89-8430-408-6　03230

'가정예배' 어떻게 회복할 것인가?

숨겨진 보화

김광덕 지음

kmc

급속한 사회의 변동에 대처하지 못하고 빠른 속도로 가정이 해체되어 가는 이 시대를 바라보며, 무엇보다 가정을 사랑하시고 가정을 통하여 축복하시고자 하시는 하나님께서 마음 아파하실 줄로 압니다.

가정의 중요성은 다시 말하지 않아도 누구나 공감하는 부분일 것입니다. 가정은 인간의 삶 전체가 쉼을 얻는 공간이며, 또한 새롭게 앞을 향하여 나아갈 수 있는 힘을 얻는 공간이기도 합니다. 그렇기에 하나님께서는 가정을 사랑하시고 축복하시는 것입니다.

그러나 이 시대는 변해가는 가치와 풍속으로 인해 급속도로 가정이 해체되어 가고 있습니다. 굳이 통계를 빌리지 않더라도 해체되는 가정을 우리 주위에서 흔히 보게 됩니다. 가정의 해체는 일차적인 문제로 끝나지 않고 자녀 문제, 노인 문제 등의 이차적인 문제를 야기하기 때문에 그 심각성이 더합니다.

그러니 이 일에 교회가 나서야 함은 매우 자명한 일입니다. 많이 늦은 감이 있으나 하나님께서 함께하실 터이니 하루라도 빨리 시작하는 것이 바른 일일텐데 김광덕 목사님이 출판국을 중심으로 '가정예배 회복운동'을 시작하신다니 참으로 반가운 일이며 감리교회를 섬기는 목회자로서 자랑스러운 일입니다.

가정예배는 우리 교회의 아름다운 전통이었습니다. 하루를 마감하며 온 가족이 함께 모여 하루 동안 함께하신 하나님의 은혜에 감사하며 또

내일을 위하여 하나님께 기도하는 시간은 참으로 아름다운 신앙인의 모습이었습니다. 하지만 현대 신앙인들은 바쁜 삶 속에서 아름다운 전통을 잃어버렸고, 그로 인해 가정의 해체라는 피해를 고스란히 입고 있지만 그 원인이 어디에 있는지도 파악하지 못하는 실정이니 안타까운 일입니다.

이러한 상황 속에서 말 그대로 숨겨진 보화와 같은 가정예배 지침서인 「숨겨진 보화」의 출간은 교회 전체가 환영해야 할 일이요, 축하해야 할 일이라고 믿습니다.

이제 또 김광덕 목사님의 기도의 산물이 하나 더 세상을 향하여 나왔습니다. 평소 목사님의 열심을 알기에 저마저도 떨리는 마음으로 그 진행과 결과를 고대하며 지켜보고 있습니다. 하지만 분명한 것은 하나님께서 함께하실 것이라는 것입니다. 하나님께서 가정을 사랑하시고 교회를 사랑하시기에 금번 '가정예배 회복운동'과 「숨겨진 보화」는 아름다운 열매를 거두게 될 것입니다.

아무쪼록 '가정예배 회복운동' 위에 성령의 기름 부으심이 충만하여서 감리교회의 모든 가정과 한국의 모든 신앙인의 가정이 바로 서고 회복되는 놀라운 축복이 임하기를 기도합니다. 또한 가정예배 지침서인 「숨겨진 보화」를 통하여 모든 하나님을 섬기는 가정에 하나님을 찬송하고 예배하는 음성이 끊이지 않는 축복이 임하기를 기도합니다.

2009년 2월

출판국 부설 웨슬리출판문화원 원장

광명중앙교회 **우병설** 목사

초대교회는 가정교회였습니다. 예수님과 바울도 철저하게 쉐마 교육을 받은 가정에서 자랐습니다. 루터가 종교개혁을 하면서 가톨릭의 신부였던 그가 결혼하여 자녀들을 낳았습니다. 루터는 가정을 교회요 학교라고 했습니다. 자녀를 위한 가정교육은 부모들의 책임이며 교회나 학교를 이용하는 것은 보충적인 일에 불과하다고 했습니다. 청교도들 또한 가정예배와 가정교육을 귀하게 여겼습니다. 웨슬리의 어머니 수산나는 청교도 가정에서 자란 여자였습니다. 그래서 그녀는 가정예배와 가정교육에 철저했습니다. 지금 미국에서도 아미쉬들과 메노나이트 교도들은 가정예배에 철저합니다. 그러나 우리는 어떻습니까? 가정예배가 약합니다.

제가 가정예배회복운동에 앞장서는 것은 교회사적으로 매우 큰 의미가 있다고 보기 때문입니다. 우리가 흔히 교육의 장으로 가정, 교회, 학교를 꼽습니다. 한국교회는 보편적으로 교회교육이 잘 되고, 학교 역시 잘되는 편입니다. 그러나 통계에 의하면 교회를 다니던 학생들이 대학교를 졸업하고 나면 50~80%가 교회를 떠난답니다. 미션스쿨을 나온 학생의 70~90%가 교회를 떠난다고 합니다.

결국 교육의 장은 가정입니다. 가정예배를 철저히 드리는 운동이 필요합니다. 가정에서 신앙을 전수하지 못하면 우리나라도 유럽과 미국교회를 뒤따라 갈 것입니다. 가정예배를 철저히 드립시다. 유대인들에겐 가정이 성소입니다. 그래서 유대인 가정은 독일이나 일본보다 더 깨끗합니다. 아버지는 가정예배를 인도하면서 자녀들의 머리 위에 오른손을 올려놓고 축복기도를 합니다. 3대가 모여 예배를 드립니다. 그러니 신앙이 전수되고 효가 이루어집니다. 지금 우리나라 기독교 가정은 유교 가정들보다 부모에게 효를 못합니다. 가정예배는 효자를 만들어냅니다. 가정예배는 세대 차를 극복시킵니다. 가정예배를 통하여 유대인들처럼 인물을 키워냅시다. 가르치는 부모는 가르치면서 신앙이 전수되고 배우는 자녀는 배우면서 신앙이 전수됩니다.

왜 가정예배 회복인가? 인류최초의 예배는 가정예배였기 때문입니다. 에덴동산의 예배는 가정예배였습니다. 아브라함은 사라와 이삭과 함께 가정예배를 통하여 아들 이삭을 순종의 아들로 교육시켰습니다. 그래서 아브라함은 믿음의 조상이 되었고, 이삭은 순종의 조상이 되었습니다. 가정예배는 하나님의 뜻이고, 시대적 요청이고, 성령님의 명령입니다. 이 운동은 분명히 성공할 것이고 성공해야 합니다.

한국교회는 120년의 짧은 역사에 기적적인 부흥을 이룬 나라입니다. 그런데 가정예배에 관한 가이드북이 턱없이 모자라는 현실입니다. 이러한 때에 이번에 출판국 총무이신 김광덕 목사님께서 가정예배 회복에 관한 책 「숨겨진 보화」를 쓰고, 이렇게 출간하게 된 것은 시대의 요청과 사명에 응답하는 너무나도 위대한 사역이라 생각합니다. 이 책이 가정예배 회복에 큰 도움이 되리라고 확신하며 감사와 축하를 드립니다.

2009년 2월
가정예배회복운동본부 총재
성은교회 **김인환** 목사

● 차 례

왜 가정예배인가?

1.성경에 가정예배를 드리라는 뚜렷한 명령이 없다? 2.바쁘다 바빠 3.가정예배 드릴 시간이   17
없다 4.가정이 아니라 여관이 되어버렸다 5.가족들이 함께 모일 수 없다 6.세상만사 성공여
부는 기본이 서는 게 중요한데 그렇지 않다 7.식구가 너무 적다 8.진부한 가정예배! 오호통
제(嗚呼痛哉)라! 9.가족 모두에게 유익이 되게 하기 어렵다 10.가정예배를 잘 인도하지 못한다
11.식구 중 일부가 가정예배를 원치 않는다 12.찬송을 잘 부르지 못한다 13.교회 활동을 잘
하려면 가정은 소홀해도 된다? 14.한번 은혜 체험으로도 평생 잘살 수 있다? 15.배운 대로
사는 것이 인생인 것을! 16.필수가 아니라 선택이 되었기 때문이다 17.가치관의 상실이다
18.샤머니즘에 빠진 신앙, 물러가라! 19.고비를 넘기지 못하므로!

가정예배 사례 1 _ "형식적인 가정예배의 위력" 한영제 목사   33

역사로 보는 가정예배 _ 가정예배를 권함 춘우   44

가정예배 회복 어떻게 할 것인가?

1.가정예배의 중요성을 깨닫게 한다 2.교육하고 훈련한다 3.프로그램을 개발한다 4.가정예   49
배 교과서인 가정예배서가 꼭 필요하다 5.목회자 가정과 중직자 가정부터 모범을 보여야 한다
6.보고서가 필요하다

가정예배 사례 2 _ 가족을 축복하는 가정예배 이병만 권사   54

역사로 보는 가정예배 _ 가정예배 김종필   58

가정예배 회복을 위한 구체적인 전략

1.가정예배로 목회 방향을 전환하자 2.선교사들과 한인교회에 가정예배를 독려하고 후원하자   65
3.뜻을 정하자 4.분위기(장소, 장비, 의복…)를 만들어 준비하자 5.시간과 정성을 들이고 가정예
배서를 식구마다 구입한다 6.10~15분을 넘지 않도록 한다 7.하루도 빠지지 말고 지키자 8.
가정예배를 기초 사역으로 선언하자 9.가족이 돌아가며 예배 인도자가 되고 기도자가 된다
10.예배 후 "사랑한다" 고백한다 11.다양한 프로그램을 개발하자 12.복음적인 가정예배가 되
게 하자 13.다양한 기도문을 사용한다 14.소문을 내자 15.사랑을 실천함이 산 예배다 16.
가정예배를 계획하고 실천하자 17.마음을 집중할 수 있는 장소여야 한다

가정예배 사례 3 _ 동원가족 주일 밤 가정예배 양순열 장로의 가정   75

역사로 보는 가정예배 _ 그리스도의 사랑 안에 있는 가정을 이룹시다   77

가정예배의 실제

1.아침에 기상하여 드리는 새벽 예배 2.아침 식탁 앞에서 드리는 예배 3.정오에 드리는 예배   85
4.저녁 식사와 더불어 드리는 예배 5.취침 전 예배

가정예배 사례 4 _ 부모님이 은혜 받는 예배 송한미   91

역사로 보는 가정예배 _ 가정과 예배 정영관   95

가정예배의 중요성

1.아브라함의 가정처럼 가정예배를 회복하자 2.하나님이 가장 기뻐하시는 것은 예배다 3.잃   101
어버린 자식을 찾는 가정예배 4.거룩이 힘이다. 민족을 살리고 나라를 세우자 5.가정예배는
전도와 교회 성장의 지름길이다 6.가정예배는 효자를 낳는다 7.가정예배는 환난을 대비하는
예방주사다 8.가정예배는 혈기를 죽이고 천국과 같은 가정을 만든다 9.가정예배는 종교개혁
의 지름길이다 10.가정예배는 백경천도(白經千禱)의 지름길이다 11.가정예배는 웰다잉(well
dying)의 축복을 받는다 12.가정예배는 순종의 삶을 살게 한다

가정예배 사례 5 _ 가정주일에 드리는 가정예배 박희권 목사   174

역사로 보는 가정예배 _ 주일학교 교육과 가정예배 유영희 장로   178

혜분난비(蕙焚蘭悲) 송무백열(松茂栢悅)

한국교회는 21세기 세계 선교의 거룩한 사명을 짊어진 복의 근원이 되어야 합니다. 이를 위하여 기독교 2,000년 역사상 유래를 찾을 수 없는 소나기와 같은 축복과 은혜를 부어주셨습니다. 선교 1세기의 짧은 역사에 6만 교회 1,000만 성도 그리고 2만 명 선교사를 파송하는 선교대국이 되게 하신 것입니다. 그러나 오늘 한국교회의 모습은 왠지 위태하기만 합니다. 다시스로 가는 배를 타고 잠을 자기 위해 배 밑층에 내려가는 요나(욘 1:5)와 같은 모습과 같고 박 넝쿨 그늘이 그리워 초막을 짓는(욘 4:5~6) 요나의 모습은 아닌지 답답하기만 합니다. 하나님의 은혜로 목회자, 부흥사, 선교사의 삶을 체험케 하시고 이제는 대한민국의 심장과 같은 광화문 한복판에 문서 선교사로 세워주셨습니다.

혜분난비(蕙焚蘭悲) 송무백열(松茂栢悅)의 마음으로 섬기면서 감춰진 보화인 "가정예배"를 발견케 하셨습니다. 밭에 감춰진 보화를 발견한 농부처럼(마 13:44) 기뻐하면서 생각해보니 혜분난비(蕙焚蘭悲)였습니다. 만복의 근원인 "가정예배"가 숨겨져 있었기 때문입니다.

어떻게 하면 감춰진 보화 "가정예배"를 한국교회와 온 세계에 전할 수 있을까? 설레는 마음으로 교보문고를 찾았습니다. 바다같이 넓은 매장에 "가정예배"에 대한 책 한 권을 발견할 수 없었습니다. 단걸음에 서초동 중앙도서관에 달려갔습니다. 가정예배에 대한 논문 12권을 밤을 새워 독파하였습니다. 행복한 농부가 되어 뜨거운 가슴으로 엮은 글이니 죄송할 뿐입니다. 그러나 성령님이 함께하시는 겨자씨가 되고 누룩이 되게 하실 줄 확신합니다.

여호와께서 내게 주신 모든 은혜를 무엇으로 보답하겠습니까?(시 116:12) 논문으로 안내해주신 열두 분의 목사님들에게 고마운 인사를 드립니다.

한국교회가 가정예배 회복으로 인하여 송무백열(松茂栢悅)의 축복이 함께하시길 두 손 모아 기도합니다.

우리는 모두 선교사입니다.

노아의 가정처럼! 고넬료의 가정처럼!

1. 가정예배는 만복의 근원입니다.

2. 가정예배는 자녀 축복의 샘입니다.

3. 가정예배는 교회 부흥의 지름길입니다.

4. 가정예배는 종교개혁의 첫걸음입니다.

5. 가정예배는 효행의 근원입니다.

6. 가정예배는 환란의 예방주사입니다.

7. 가정예배는 거룩한 삶의 원천입니다.

8. 가정예배는 숨겨진 보화입니다.

9. 가정예배는 부부생활의 로열젤리입니다.

10. 가정예배는 영혼구원의 훈련소입니다.

2009년 2월

출판국 · 도서출판 kmc

총무 **김광덕** 목사

참고문헌

강신채, "가족공동체 회복을 위한 가정예배", 2000.

김강혁, "기독 가정의 가정예배에 관한 연구", 2001.

김관호, "가정예배가 교회활동에 끼친 영향", 2000.

김현아, "기독교 가정회복을 위한 가정예배 연구", 2004.

박상수, "효과적인 가정예배를 통한 교회활성화 방안 : 청학중앙교회 중심
　　　으로", 2001.

박정수, "가정예배를 통한 가정회복과 가정예배 새 모델연구", 1999.

신구현, "가정예배 효율적 운영에 관한 연구", 1997.

이성덕, "신앙교육에 있어서 가정예배에 대한 연구", 1994.

정　준, "가정예배 활성화를 위한 교회의 책임과 역할", 2004.

최준혁, "가정예배의 중요성에 관한 연구", 2008.

홍광표, "가정예배를 통한 가정의 치유와 회복", 2006.

홍승연, "가정공동체 회복을 위한 목회 연구 : 가정예배를 중심으로", 2004.

홍재칠, "가정예배 활성화를 위한 효목회 방법론 연구", 2008.

황성필, "가정예배에 관한 연구", 2005.

제임스 W. 알렉산더, 「가정예배는 복의 근원입니다」, 임종원역(미션월드 라이
　　　브러리, 2003)

Ⅰ. 왜 가정예배인가?

한국교회는 영성과 축복의 보화인 가정예배를 왜 잃어버렸는가?

1. 성경에 가정예배를 드리라는 뚜렷한 명령이 없다?
2. 바쁘다 바빠
3. 가정예배 드릴 시간이 없다
4. 가정이 아니라 여관이 되어버렸다
5. 가족들이 함께 모일 수 없다
6. 세상만사 성공여부는 기본이 서는 게 중요한데 그렇지 않다
7. 식구가 너무 적다
8. 진부한 가정예배! 오호통재(嗚呼痛哉)라!
9. 가족 모두에게 유익이 되게 하기 어렵다
10. 가정예배를 잘 인도하지 못한다
11. 식구 중 일부가 가정예배를 원치 않는다
12. 찬송을 잘 부르지 못한다
13. 교회 활동을 잘하려면 가정은 소홀해도 된다?
14. 한번 은혜 체험으로도 평생 잘살 수 있다?
15. 배운 대로 사는 것이 인생인 것을!
16. 필수가 아니라 선택이 되었기 때문이다
17. 가치관의 상실이다
18. 샤머니즘에 빠진 신앙, 물러가라!
19. 고비를 넘기지 못하므로!

1. 성경에 가정예배를 드리라는 뚜렷한 명령이 없다?

물론 성경에 가정예배를 드리라는 구체적인 명령은 없다. 사실 오늘날의 공예배도 마찬가지다. 성경에 뚜렷하게 술을 마시지 말라는 구절이 없다고 해서 술을 즐기는 것을 허용할 수 없는 것처럼 성경 전체는 확실하게 창세기부터 요한계시록까지 보석처럼 숨어있는 말씀이 가정예배이다. (조엘 비키)

2. 바쁘다 바빠

소득이 늘어나면서 세계 어디를 가더라도 한국 관광객이 넘쳐나고 있다. 국내에서나 국외에서나 "바쁘다, 바빠"다. 어찌 이것이 사람 사는 세상이란 말인가? 절대 하나님이 주시는 축복일 수 없다. 바쁜 가족들 때문에 한 번 다 같이 만나려면 스케줄을 짜야 할 정도다.

TV 비디오 인터넷 도박 등에 빠지고 경쟁사회 속에서 성공하기 위하여 수단과 방법을 다하여 살다보니 일이 주인이 되고 주인인 나는 상실해버리고 마는 세상이 되었다. '예수님은 우리 가정의 주인이십니다.' 라고 써 붙인 액자 하나에 만족하고 사는 삶이 어찌 하나님이 세워주신 가정이라고 할 수 있겠는가?

이제 정신을 차리고 깊은 숨을 들이쉬고 기도하면서 제자리를 찾아야 한다. 하나님과 함께 잠을 자고 새 생명 주신 하나님께 감사하며 가정예배로 하루를 시작하자. 임마누엘 주님과 함께 성령의 인도따라 살면서 기도응답을 받은 후 온 가정이 함께 모여 따뜻한 손 잡고 가정예배를 드린 후 잠자리에 든다면 분명히 야곱의 꿈을 꾸고 요셉의 꿈을 꾸는 낙원과 같은 가정으로 축복해주실 것이다.

3. 가정예배 드릴 시간이 없다

가정의 목적이 예배이며 가정예배의 중요성은 인정하지만 예배드릴 시간은 없다고 한다. 또 중요한 일 때문에 가정예배가 아무리 중요한 일일지라도 소홀히 할 수밖에 없다는 뜻이기도 하다. 쾌락을 사랑하기를 하나님 사랑하는 것보다 더하며(딤후 3:4), 일평생에 근심하며 수고하는 것이 슬픔뿐이라, 그 마음이 밤에도 쉬지 못하나니 이것도 헛되도다(전 2:23). 세상을 헛되지 않게 사는 방법은 하나님께 시간을 떼어서 예배하는 것이다. 사무엘 데이비스(Samuel Davies)는 "당신이 지금의 삶만을 위하여서 지음 받았다면 시간이 없어서 예배를 드릴 수 없다는 핑계는 설득력이 있을 것이다."라는 말을 인용하며 가정예배는 영원을 준비하는 일이라고 강조하였다.

"당신은 죽도록 일만 하고 여가를 즐겨서는 안 된다고 하면 즉각 반발할 것입니다. 그러나 무엇보다 중요한 자기 영혼을 구원하는 일에 시간을 내라고 하는데도 반발하다니 영문을 모르겠군요! 당신에게 주어진 시간은 무엇을 위한 것입니까? 그것은 근본적으로 당신이 영원을 준비하도록 주어진 것이 아닌가요? 그런데도 당신은 자기 생명을 위하는 가장 중요한 일에 투자할 시간이 없습니까? 그렇다면 왜 매일 밥을 먹을 시간이 없다고는 불평하지 않습니까? 당신에게는 영의 양식보다 육의 양식이 더 중요한가요? … 자기 영혼을 위하는 것이 정당한가요? 부당한가요? 부당하다고 생각하면 자기 영혼을 포기하십시오. 그러나 정당하다고 생각하면 하나님은 모순적인 명령을 하시지 않는 분이니 가정예배를 드리십시오. 당신에게 가정예배를 드릴 수 있는 시간을 허락하실 것입니다. 잡담을 하거나 아침에 신문을 뒤적이거나 잠자는 시간을 줄이기만 해도 가정예배를 드릴 수 있지 않을까요? 온 가족이 식사하러 모이거나 집을 나서기 전에 먼저 가정예배를 드리는 것이 그리 어려운 일인가요?"

그렇다. 성도에게 있어서 영원을 준비하는 일보다 더 중요한 일은 이 땅에 없다. 알렉산더는 가정예배가 복의 통로라고 하며 다른 모든 것이 허용되더라도 가정예배를 드릴 수 없다면 이는 엄청난 비극이라고 했다. 다음의 글을 주의 깊게 묵상해 보자.

"참된 행복을 누리고 싶으면 하나님을 경외하라. 당신은 하나님의 은혜 가운데 그분을 경외하고 싶지 않은가? 당신의 가정에서는 그리스도를 믿는 흔적을 발견할 수 있는가? 어느 누가 강요하지 않더라도 그리스도인이 하나님을 경외하는 것은 본분이다. 기도는 모든 종교의 의무이다. 이슬람교도들은 어느 곳에서든 하루에 다섯 번씩 정해진 시간에 알라에게 기도한다. 이교도와 그의 가족이 '신 아닌 것(렘 2:11)'인 자기 신에게 매일 기도하는데 하물며 그리스도인 가정에서 하나님을 경외하는 흔적을 발견할 수 없다는 것이 말이 되는가? 사람들은 하나님을 섬기는 당신에게 그 증거를 보여 달라고 요구할 것이다. 하나님이 가정예배를 아무나 누릴 수 없는 특권처럼 제한하셨다면 우리는 그 특권을 누리기 위해 수단 방법을 가리지 않고 덤벼들 것이다. 그러나 하나님은 누구든지 자유롭게 가정예배를 드리도록 허락하셨는데도 많은 사람들이 그 복을 무시하고 있다. … 온 가족이 은혜의 보좌에 나아가고 싶은데 법적으로 금지하고 있기 때문에 나아갈 수 없는 심적 고통을 상상해 보았는가? 하지만 오늘날 수많은 사람들이 자의적으로 하나님이 주신 복을 거부하고 있다. 그들은 하나님을 예배하거나 서로를 위해 기도하려고 가족끼리 한자리에 모이는 적이 없다. 그리스도를 사랑하는 사람이 몇 년 동안

이나 그분에게 속해 있다는 증거를 보이지 않는다는 것은 모순이지 않은가?"(최준혁의 논문 중에서)

4. 가정이 아니라 여관이 되어버렸다

자본주의와 물질만능주의로 팽배한 경쟁사회 속에서 부모는 직장 생활에 지쳐있고, 자녀들은 밤이나 낮이나 공부와 입시에 목매어 있다. 하루 일을 마치고 가정에 돌아오면 파김치가 되어 쓰러져 잠을 자는 숙소가 되고 말았으니 가정예배 드릴 힘과 시간과 여유가 있을 수 있는가? 결국은 살기 위해 일하는데 언제까지 이렇게 살아야 한단 말인가? 먼 훗날 벌 만큼 벌어 놀 때가 되었다는 그 때가 되면 예배를 드릴까? 지금부터라도 소돔과 고모라의 삶을 박차고 마므레 상수리 나무 밑에 제단을 쌓고 천사를 영접하고 하늘의 메시지를 받아 축복의 조상이 되었던 아브라함처럼 가정예배를 회복해야 한다.

5. 가족들이 함께 모일 수 없다

현대인의 생활은 매우 복잡하고 다양해서 모든 가족이 한자리에 모이는 것이 쉽지 않다. 결혼 전이라도 자녀가 성년이 되면 독립하거나, 생활방식이 달라서 밤과 낮을 거꾸로 살기도 하고, 가장이라고 해도 일찍 집에 들어오는 날이 손꼽을 정도로 너무나 바쁜 삶을 살고 있다. 방마다 있는 텔레비전이나 컴퓨터는 가족을 더더욱 멀어지게 하고 있다. 한자리에 모이기조차 어려우니 어찌 예배를 드리겠는가? 그러나 함께 모이기 위해서 힘을 써야 한다. 그리고 한 사람이 빠졌다는 이유로 가정예배를 취소해서는 안 된다. 조엘 비키(Joel Beeke)는 "모든 가족들이 가정예배를 위해서 서로 시간을 조정하거나 취소할망정 가정예배를 포기해서는 안 된다."고 하였다.

6. 세상만사 성공여부는 기본이 서는 게 중요한데 그렇지 않다

운동도 기본기가 중요하다. 기본이 되어있지 않으면 절대로 프로가 될 수 없고, 실력은 제자리걸음을 칠 것이다. 집을 짓는 데에도 기초가 튼튼해야 한다. 기초가 튼튼하지 못하면, 와우아파트처럼 무너질 수밖에 없다. 한국교회는 이제라도 기초를 튼튼히 세우는 일에 전념해야 한다. 그 옛날 군대 생활할 때 기억이 새롭다. 처음 훈련소에 입소하면 '차렷, 열중 쉬어, 경례' 등 군인으로서 기본기를 세우기 위해 기초교육을 계속 반복 훈련한다.

한국교회는 예배의 홍수 속에 살고 있다. 주일 낮 예배, 주일 밤 예배, 수요 예배, 금요 철야 예배, 속회(구역) 예배, 새벽 예배, 심방 예배 등 수많은 예배를 드린다. 그러나 그것으로 만족할 수 없다. 하루도 빼먹지 않고 온 가족이 하루에 1~2회씩 365일 드린다면 사람들이 하루에 세 끼 밥을 먹어 건강하게 삶을 유지하는 것처럼 영적으로 승리할 수 있다. 그럼에도 불구하고 오늘날 많은 교회와 가정이 고통당하는 이유는 가정에서 드리는 가정예배(가정 제단)가 든든하게 서

있지 못하는 데 그 원인이 있다고 확신한다.

7. 식구가 너무 적다

아직 결혼하지 않은 자녀가 독립하거나 멀리 가족과 떨어져서 지내야 하는 경우나 이제 갓 결혼한 부부는 예배 드리기가 어색할지도 모른다. 물론 가정예배가 혼자가 아닌 사랑하는 부모님과 형제들과 함께 예배한다면 더욱 은혜가 되고 기쁨이 될 것이다. 그러나 두세 사람이 내 이름으로 모인 곳에 함께하리라고 약속하신 주님의 말씀처럼 두 사람만 있어도 가정예배를 드리기에 충분하다. 룻과 나오미는 두 식구였지만 가정예배를 드렸다. 리차드 백스터(Richard Baxter)는, "가정을 세우는 데에는 가정을 인도하고 다스릴 한 사람과 그 인도를 받을 한 사람, 곧 두 사람이 필요할 뿐"이라고 했다. 알렉산더는 "그리스도인 가정은 자기 가족만을 위한 공동체가 아니라 지역사회에서 빛과 소금의 역할을 감당해야 할 하나님의 천명이며 가정예배는 그 영향력을 확산시키는 도구"라고 했다. 그러므로 비록 가족이 없어 혼자 산다 하여도 다니엘처럼 성전을 향하여 창문을 열어 놓고 찬송하고 기도한다면 자신이 머무는 곳에서 좋은 영향을 끼치며 사방으로 거룩한 향기를 발산할 것이다.

8. 진부한 가정예배! 오호통제(嗚呼痛哉)라!

수많은 예배의 홍수 속에서 가정예배는 진부하고도 고리타분한

네뉴로 진락하고 말았다. 그러나 온고이지신(溫故而知新)이라는 말은 조상의 지혜일 뿐 아니라 아무리 세상이 바뀌어도 흔들리지 않는 삶의 좌표이다. 진부하고도 고리타분하다고 생각하는 가정예배이기 때문인지는 몰라도 광화문 교보문고의 넓고 넓은 매장에 진열된 35만권의 도서 중 가정예배를 위한 책 한 권 찾기가 어려운 세상이 되었다. 오호통제라!

9. 가족 모두에게 유익이 되게 하기 어렵다

모든 연령층을 포함시킬 수 있는 계획을 세우지 못하면 어린 자녀들과 함께 가정예배를 드리는 데 무슨 유익이 있을까? 시작도 하기 전에 낙심하거나 포기할 수 있다. 그러나 지혜롭게 계획을 세운다면 얼마든지 연령의 편차도 극복할 수 있다. 아무리 어린 아이라도 심지어 복중에 있는 태아라도 어머님과 함께하시는 성령님이 역사하시기 때문에 가정예배를 믿음으로 실천만 한다면 엄청난 은혜와 축복의 열매로 갚아주실 것이다.

10. 가정예배를 잘 인도하지 못한다

가정예배는 영적 은사를 소유하고 박식하거나 말을 잘하는 사람만이 인도할 수 있는 것은 아니다. 경건한 자세로 성경을 읽을 줄만 알면 그것으로 충분하다(알렉산더). 또 단순하게 시작하는 것이 좋다. 가정예배서를 참고하여 10분이나 15분 동안 드리다보면 습관이 되고 잘 인도하게 되기 마련이다. 하나님께서 부모인 당신에게 직접 내린 명령, 가족 모두가 예배를 드리도록 부름 받았다면 어떻게 해서든지 스스로 노력하게 될 것이다. 전능하신 하나님을 굳게 믿고 간절히 간구하면 예배를 잘 인도할 수 있는 능력과 지혜를 주실 것으로 확신한다. 처음 가정예배를 인도하려면 사람들의 시선을 의식하여 부끄러울 수도 있다. 하지만 세상의 경멸이 우리의 행동을 좌우한다면 우리는 하나님을 경외하는 모든 예배를 즉시 중단해야 할 것이다. 누구든지 용기를 내어 시작하면 은혜로운 예배를 드릴 수 있게 해주신 하나님께 감사하게 될 것이다.

11. 식구 중 일부가 가정예배를 원치 않는다

조엘 비키 박사는 이 문제에 관해 매우 단호하면서도 지혜로운 입장을 취한다.

만일 자녀들 중에 완고한 아이가 있다면 간단한 법칙을 따른다. 즉 성경이 없고 찬양이 없고 기도가 없으면 음식도 없다. 그리고 다음과 같이 선포한다. 우리는 이 집에서 하나님을 섬길 것이다. 그러므로 이 집에서 숨을 쉬는 사람이라면 누구나 여호와를 경배할 것이다. 시편 150편 6절도 예외가 아니다. 회심하지 않는 어린이들까지도 적용되는 말씀이다. "호흡이 있는 자마다 여호와를 찬양할지어다. 할렐루야."

예배하지 않는 죄는 그 어떤 죄와 비교할 수 없는 큰 죄다. 예배를 통해서 위선자의 껍질을 벗기도록 힘쓰는 것이 더 중요하다. 당신의 자녀가 하나님께서 원하는 자녀들이 되기를 원하는가? 자녀들이 이런 핑계를 대지 못하게 하고 모든 은혜의 방편들을 사용해야 함을 강조해야 한다. 가정예배는 최고의 은혜의 통로이고, 방편이다. 그러므로 자녀를 신앙적으로 양육하려면 가정예배는 필수적이다. 특별히 자녀들이 사춘기가 되었을 때 가정예배를 통하여 그들에게 지속적인 영향을 끼치지 않으면 그들은 금방 세상길로 나아가고 만다. "사랑하는 자녀가 홉니와 비느하스처럼 타락하지 않게 하려면 매일 가정예배를 드려야 한다."(최준혁의 논문 중에서)

12. 찬송을 잘 부르지 못한다

87세로 세상을 떠나신 외할머니는 교회 나가는 첫날부터 그렇게 좋아하시던 담배를 끊으셨다. 낫 놓고 기역자도 모르시는 무학이시지만 힘겹고 어려운 시대를 사시면서도 늘 찬송을 부르시고 기도하셨다. 시골에서 피와 같은 밭을 교회 건축을 위하여 대지로 바치신 믿음의 어른이시다.

모든 찬송가의 곡조는 한결같지만 지금도 외할머니의 찬송 소리를 생각하면 눈물이 나고 은혜가 넘친다. 하나님은 영이시니 신령과 진정으로 예배드릴 때 받으시는 것이다. 가정예배시간에 찬송을 부르는 것은 스코틀랜드 장로교회의 오랜 전통이다. 영국의 감리교회와 미국 감리교회도 역시 교회나 가정이나 어디서든지 예배할 때마다 찬송을 부른다. 자신이 그리스도인이라고 고백하는 공적 모임에서는 기도와 찬송이 빠지지 않는다.

알렉산더는 가정예배에서의 찬송의 문제에 대해 "자녀들은 음악가에게 몇 시간씩 성악을 부르게 하면서도 집에 와서는 한 번도 찬송을 부르지 않는다면 부모에게 이 문제를 숙고하도록 정중히 부탁드린다."고 했다. 인도자로서 재능이 없다면 자녀들이 피아노나 오르간을 연주하도록 하면 좋다. 악기를 다룰 줄 모른다면 예배를 위해서 악기를 배우는 기회를 준다면 이 또한 하나님께서 기뻐하실 일이다.

개인적인 고백이지만 자녀들과 삼대가 함께 모여 가정예배를 드릴 때 어린이 찬송가가 포함된 찬양 반주기를 사용하여 가정예배를 드렸던 은혜로운 시절이 추억이 되고 가슴을 저리게 한다. 종교 개혁자 루터는 음악 사용에 대해 강조하였다. "훌륭한 음악 작품 속에서 하나님의 완전한 지혜와 은사를 발견하지 못하는 자는 참으로 바보요 지혜롭지 못하다."라고 하였다.

13. 교회 활동을 잘하려면 가정은 소홀해도 된다?

많은 교회 프로그램 중 거의 모든 교회에서 주일성수를 강조하고 새벽 예배나 속회예배 철야예배 금식기도 등을 강조하지만 가정예배에 대해서는 너무나 보편적이고 상식적인 일이기 때문에 강조하거나 집중사역이 되지 못하는 안타까움이 없지 않다. 또한 예수 잘 믿는 목회자나 성도들은 교회생활만 충성하고 도리어 가정생활에 충실하지 못하고 소홀함이 정상적인 것으로 오해하는 것도 사실이다. 전통적으로 한국인의 심성에는 속세를 떠나 출가하여 산에 들어가 도를 닦는 것이 도통한 삶처럼 오해하고 있지 않을까? 어떤 교회 사모는 이부자리를 가지고 강대상에 올라갔다고 한다. 가정을 초월하여 목회에만 집중하며 말씀을 전하는 남편 목사가 천사(?)처럼 보였을 것이다. 심지어 많은 가정의 며느리들은 "시어머니 가시는 곳이 천국이라면 저는 기쁨으로 지옥에 가겠어요."라고 하지 않는가?

하나님은 교회를 먼저 세우지 않으시고 가정을 먼저 세우시고, 에덴동산에서 아담과 하와의 가정예배를 받으셨다. 교회생활과 가정생활은 이원론으로 나눌 수가 없다. 그러므로 가정예배에 충실한 사람은 교회 예배에도 충실하게 되고, 가정생활이 행복한 사람은 교회생활도 행복할 것이다. "천국과 같은 교회, 교회와 같은 가정", 이 비결은 가정예배에 있다.

14. 한 번 은혜 체험으로도 평생 잘살 수 있다?

사탄 귀신 마귀는 도둑질하고 죽이고 멸망시키려는 것뿐이요 예수님이 오신 것은 양으로 생명을 얻게 하고 더 풍성히 얻게 하려는 것이다(요 10:10). 하루 24시간 일주일 7일, 한 달 30일, 1년 365일. 매일 온 가족이 예배드리는 임마누엘 축복의 은혜를 생각하면 가정예배가 신앙생활의 열쇠가 아닐 수 없다. 어찌 20년 전이나 30년 전에 한 번 받은 체험적인 은혜로 세상에서 승리할 수 있단 말인가? 육체의 정욕과 안목의 정욕과 이생의 자랑 등 영적인 전쟁에서 무슨 힘으로 승리할 수 있단 말인가? 날마다 시간마다 순간마다 마귀와 영적 전쟁에서 승리하는 것이 신앙생활이다. 신앙생활에 승리해야 한 번밖에 없는 일생을 승리할 수 있다. 천국 문고리 잡고 예수님 빛난 얼굴 뵐 때까지 승리하는 비결 중 최고는 예배 생활의 승리에 있고, 그 핵심은 가정예배에 있다. 다윗의 한 가지 기도제목을 생각해 보자. "내가 여호와께 바라는 한 가지 일 그것을 구하리니 곧 내가 내 평생에 여호와의 집에 살면서 여호와의 아름다움을 바라보며 그의 성전에서 사모하는 그것이라."(시 27:4)

15. 배운 대로 사는 것이 인생인 것을!

교회에 못자리가 되는 선지학교에서 배워야 할 가장 중요한 과목이 실천신학이고 예배학이다. 그 중에서도 가정예배는 사실 최고의 실천신학이고 성서신학의 뿌리가 되는 학문이다. 그럼에도 불구하고 가정예배에 대하여 학문적으로나 성서적으로 가르치거나 배우는 일에 너무나 소홀히 하지 않았던가? 한국교회가 언제부터인가 지식을 가르치며 높은 차원의 지식인을 길러내는 상아탑으로 변질되지 않았나 하는 염려와 기도제목이 있다. 하나님은 하나님의 형상대로 지음 받은 인간에게 요구하시는 최고의 소원이 예배를 받으심이다.

교회가 할 수 있는 최고의 일은 하나님께 최고로 영광을 돌리는 예배일 것이다. 이제라도 시작한다면 늦지 않다. 교회(주일)학교는 어린 묘목을 길러내는 육묘장과 같다. 모든 교회가 가정예배로 교육하는 일에 전심전력한다면 한국교회는 이제라도 희망이 있다.

16. 필수가 아니라 선택이 되었기 때문이다

어린 자녀들의 대학교 입시를 예로 들면, 필수과목에 집중하는 것이 지혜일 것이다. 그러므로 조금만 생각해보면 가정예배는 결코 선택과목이 아니라 필수과목임에는 틀림이 없다. 성경이 증거하고 교회의 역사가 증거한다. 그럼에도 불구하고 교회 중심의 신앙생활에 집중하다보니 가정예배는 필수가 아니고 선택이 되고 말았다. 누구의 책임이란 말인가?

17. 가치관의 상실이다

과학 문명의 발전과 황금만능주의 성공주의로 인하여 현대인들은 가치관과 의식구조를 변화시켰다. 내세에 대한 소망이나 영적 구원, 하나님께서 주시는 진정한 축복이 무엇인가를 알지 못하고 오직 현세에 대한 관심과 보이는 축복에만 몰두하게 된 것이다.

이제 한국교회는 모든 사람이 추구하고 소원하는 오복에서 예수님이 선포하신 팔복으로 기도제목을 바꾸어야 할 때다. "너희는 먼저 그의 나라와 그의 의를 구하라 그리하면 이 모든 것을 너희에게

숨겨진 보화

더하시리라.(마 6:33)" 세상에 살면서 마땅히 필요한 일용한 양식은(오복) 그림자와 같다. 빛 되신 예수 그리스도를 바라보고 좌우로 치우치지 않고 나간다면 그림자와 같은 장수 건강 물질의 부요함 자녀의 축복 등을 왜 주시지 않겠는가? 자녀가 떡을 달라하면 돌을 줄 어리석은 부모가 어디 있단 말인가? 손자를 낳고 키워본 사람은 하나님의 사랑이 얼마나 크고 위대한가를 더욱 더 체험할 수 있을 것이다. 그렇다. 하나님의 말씀에 순종하며 사는 삶은 인간의 노력이나 수단으로 그리고 힘으로 할 수 없고 오직 성령이 주시는 힘으로만 가능하기 때문에 가정예배야말로 인간의 가치관을 회복하고 하나님께 영광을 돌리는 최고의 지름길이 아닐 수 없다.

18. 샤머니즘에 빠진 신앙, 물러가라!

옛날 가난하고 춥고 어두웠던 시절에 우리의 조상들은 새벽에 일찍 일어나 정한수를 떠다 놓고 두 손 모아 빌었다. 그리고 성황당에 가서 돌을 쌓아놓고 떡시루를 바쳐놓고 정성을 다하여 기도하였다. 자녀들을 축복해주시고, 건강을 축복해주시고, 금년 농사도 잘 되게 하시라고 순박한 소원을 하늘을 향해 올렸다. 그래도 병이 오고, 흉년이 오고, 인간의 힘으로 해결할 수 없는 역경 속에서 무당을 불러다가 굿을 할 때 병과 가난은 물러가고 만사형통하는 것을 확신하면서 수많은 세월을 보내 왔다. 샤머니즘의 특색은 재앙은 물러가고 복만 주시오이다. 이웃이 있을 수 없다. 물론 귀신의 역사이니 속이는 영의 역사로 길바닥에 질경이처럼 밟히고 눈물 흘리는 오천 년의 역사가 우리의 뿌리다. 이제 복음이 들어온 지 한 세기가 훨씬 넘었지만 야곱을 향하여 고백했던 아버지 이삭의 말처럼 몸은 에서인데 목소리는 야곱과 같은 한국교회라면 안타깝기 그지없다. 힘들고 어려운 삶을 살다보니 교회나 가정에 실증을 느껴 기도원이나 가정제단으로 옮겨지고 신학 훈련이 되어있지 않은 은사 중심의 체험적인 신앙이 전부인 양 착각에 빠졌다. 말씀중심의 신앙보다는 환상이나 계시로 보이는 일확천금의 잘못된 신앙관에 빠져서 극히 정상적인 교회의 예배와 더욱이 가정예배는 소홀할 수밖에 없게 된 것이다.

19. 고비를 넘기지 못하므로!

신앙생활이나 인생이나 공통점이 있다. 그것은 모든 일에 고비가 있다는 사실이다. 형식적인 가정예배로 인하여 흥미 상실, 권태감 때문에 중도에 가정예배를 포기하는 경우가 있을 수 있다. 호사다마(好事多魔)라 하지 않는가? 19명의 자녀를 낳아 3명을 목사로 세우고 특히 감리교의 창시자인 존 웨슬리의 어머니 수산나는 가정예배를 방해하는 교육목사에게 회신하기를 "이렇게 좋은 전도할 수 있는 기회를 버리면 당신이나 내가 장차 우리 주 예수그리스도의 심판대 앞에 나가서 무엇이라고 변명하겠습니까? 그 죄와 벌을 어떻게 용서받을 수 있는지 말해보시오."라고 하였다.

청주에서 가장 아름다운 예배당을 건축하고 행복한 목회를 하는 좋은감리교회 한영제 목사의 가정예배의 간증과 추억을 소개한다.

"형식적인 가정예배의 위력"

한영제 목사

우리 아버지가 늘 가슴 아파하시던 것은 역시 '가난' 이었습니다.
'왜 한 권사님네는 예수는 잘 믿는데 못 사냐?'
남들 앞에서는 천사와 같았고, 집안에서는 호랑이 같으셨던 아버지 – 물론 하나님 앞에서야 온전하지 못하셨지만, 그래도 나름대로 돈독한 신앙과 투철한 믿음을 지니셨던 아버지와 우리 가족들에게는 '가난' 이 떠날 줄을 몰랐습니다.

제가 중학교 다닐 때쯤이라고 기억됩니다. 어느 주일 아침 아버지는 무슨 일로 대단히 화가 나셨습니다. 분을 참지 못하신 아버지는 부엌에서 어머니에게 화를 내시다가는 막 아침밥을 해놓은 밥솥을 통째로 뒤집어엎어 흙으로 되어 있는 부엌바닥에 쏟아놓으셨습니다. 지금 같은 주방이라면 긁어 담아서 먹으면 되지만, 옛날 부엌은 안 그랬잖아요. 쉰밥도 물에 씻어서 먹던 시절 아닙니까? 저는 지금까지도 잊지 못합니다. 뭐를요? 그 아까운 밥을요.

그렇게 화가 나시면 차라리 다른 것을 부수시면 몰라도, 하필이면 밥을 뒤엎어 버릴 수가 있느냐 그 말입니다. 유감스런 일이었습니다. 제가 천국 가서 아버지에게 따질까 합니다.

그런데 그렇게 화를 내신 아버지, 오늘이 주일 아침이긴 하지만, 이제 무슨 염치로 교회를 가시겠나 싶었습니다. 그러고서 예배드리러 가면 하나님이 받으실 거 같습니까? 차라리 안 가는 게 낫지 않아요? 여러분, 안 그래요? 제가 지켜보았어요. 그런데 우리 아버지는 이상한 데가 있으셨습니다. 그러고도 잘도 가셨어요. 무슨 양심으로, 아니 무슨 배짱으로 가시는 것이었을까요? 또 남들 앞에서는 아무렇지도 않게 대하셨을 겁니다. 가족들에게는 그렇게 무서운 분이셨지만, 남들에게는 순한 어린 양 같으셨으니까요.

그때는 정말 이해하기 힘든 일이었습니다. 그러나 지금 가만히 생각해 보면, 화를 내신 아버지는 분명 잘못이었지만, 그럼에도 불구하고 주일에 예배드리러 가는 것에는 변치 않으셨던 아버지의 그 자세는 인정해 드릴 만해요.

우리 가정에 잘한 것 하나가 있습니다. 수십 년 동안 드린 가정예

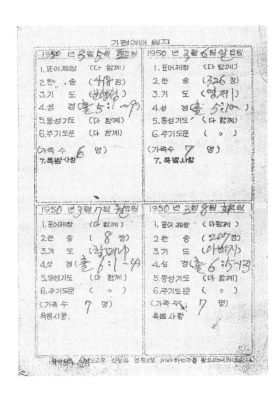

한영제 목사의 가정예배 일지

등사한 것으로 50년대 것을 60년대에도 수정해서
계속 쓴 흔적이 보인다.

35

I. 왜 가정예배인가?

배입니다.

언제부터 드렸는지 모르겠습니다. 제가 태어나기 전부터임은 확실합니다. 제가 다섯 살 때에 대표로 기도한 기록이 당시 가정예배 일지에 기록돼 있습니다. 누런 종이에 등사한 용지이지요. 지금은 그걸 국보 1호 숭례문(남대문)과 같은 가보(家寶)처럼 갖고 있지만, 당시에는 얼마나 그 예배가 지루했는지 모릅니다.

그도 그럴 것이, 우리 아버지는 당신이 대표기도 차례가 됐다 하면 얼마나 길었는지 몰라요. 새벽기도회에 나가서서 제일 늦게까지 기도하는 분 중의 하나로 꼽히는데, 그야 개인기도이니까 뭐랄 것 없지만, 아침에 드리는 그 가정예배 기도도 왜 그렇게 긴지, 마치 거미의 꽁무니에서 끝도 없이 나오는 거미줄처럼, 목소리도 자근자근…. 어디서 그렇게 한없이 나오는지 모르겠어요.

그래서 우리는 아예 우리 아버지가 기도하시면 이마를 구들장에다 대고 말았습니다. 딴 상상의 나라로 날아가는 거지요. 그러다 졸리면 자게 되는 거구요. 그러나 만일 들키는 날에는 벼락 떨어질 걸요?

우리 아버지는 교회에서 설교시간에 졸아본 적이 없대요. 하나님 말씀을 듣는데 어떻게 졸 수 있느냐고, 조는 사람을 이해도 못하셨어요. 그러나 그 대신 우리 어머니가 졸지 않는 것까지 다 맡아서 졸았어요. 특별히 가정예배 설교시간이면 많이 졸았어요. 우리 아버지 설교 들으면서 졸지 않는 사람은 인내심이 대단한 사람입니다. 그때

숨겨진 보화

마다 우리 어머니가 아버지한테 꿀밤을 얼마나 세게 맞으셨는지 몰라요. 졸다가 얻어맞으신 어머님이 아파하시던 모습을 잊지 못합니다. 그래서 우리 어머님이 아버지보다 먼저 돌아가셨나 봐요.

한번은 명절에 형제들이 우리 집에 다 모였다가 옛날 가정예배 얘기가 나왔습니다. 작은형이 초등학교 3학년 때이고, 큰형은 6학년이었나봐요. 예배시간에 졸다가 그만 주기도문이 끝났는데도 여전히 깨어나지를 않았답니다. 자빠져 갔나봐요.

자, 그렇게 되자 아버지는 그 둘을 학교도 안 보내고 저 봉화산에 나무하러 보냈대요. 겨울이었답니다. 작은형은 초등학교 3학년짜리 어린것이니 나뭇짐을 메고 오다가 넘어지기가 일쑤였고, 그러다가 그만 산에서 떼구루루 굴렀던 생각이 난대요.

고지식한 큰형은 학교엘 안 가면 큰일이라고 생각하였으므로 그걸로 벌을 받은 것이었대요. 밥도 안 먹이고 보냈겠지요. 그런데 엄마가 아버지 몰래 도시락을 하나 싸주었답니다. 그리고 산에 가서 나무를 하다가는 도시락을 꺼냈어요. 배가 얼마나 고팠겠습니까? 아침도 안 먹은 데다가 나무하느라 운동량도 많았지만 도시락은 1인분이니 말이에요. 그러나 고지식하고 인정 많은 형은 '나는 안 먹어도 된다.' 하면서 동생에 주었다는데, 동생인 둘째형이 그걸 혼자 다 먹었대요.

그런데 그 얘기를 하면서 둘이서 논쟁이 붙었습니다. 그런 일이 있었던 것이 언제였느냐 하는 겁니다. 작은형은 주기도문이 끝나도 조느라고 안 일어나서 그랬다고 하고, 큰형은 그게 아니고 아버지가 안 계실 때에도 예배를 드리라고 했는데 드리지 않아서 그 벌로 그랬다고 하고…. 당시 칠십을 바라보던 형님들이 한참 옛날을 회상하면서 목소리를 높여요. 그런데 다 들어봐도 누구 말이 맞는지 잘 모르겠어요. 두 분의 얘기를 가만히 들으면서 제가 종합해보고 결론을 내렸습니다.

'이런 일도 있었고, 저런 일도 있었던 모양이지.'

나도 기도시간에 꽤 자주 잤지만, 한 번도 안 들켰습니다. 이상해요. 그렇게 졸거나 딴 생각하다가도 "예수님의 이름으로 기도합니다."라는 소리는 꼭 들리더라구요. 신기한 일입니다. 그러니까 실컷 자다가도 그 소리에는 반사적으로 대뜸 "아멘." 하면서 고개를 얼른 들었거든요. 하나님의 신비한 은혜였어요. 그래서 나는 산에 나무하러 한 번도 안 갔어요.

우리 집에서 밤에 드리는 속회 때는 아예 깊이 잠들어버려서 속회원들이 다 가버린 것도 모르고 잔 적이 있습니다. 그때는 그래도 혼나지 않았습니다. 너무 깊게 잠이 들어서인 모양입니다.

그리고 또 하나는 우리 아버지의 설교입니다. 정말 길었습니다.

물론 준비도 없는, 언제나 즉흥적인 성령의 감동을 받은(?) 말씀만 하셨으니까, 같은 소리를 수십 번 수백 번 들어야 했습니다. 그리고 평소에 하고 싶은 잔소리를 꼭 이때 하시는 겁니다. 그러니 그런 때는 은혜는커녕 분위기가 삭막했습니다.

그리고 짧게나 하셨간요? 설교가 30분도 좋고 40분도 좋고, 끝나야 끝나는 겁니다. 저도 아버지를 닮아서 그런지 한번 터지면 한이 없어요. 그래서 이렇게 딱 원고를 써가지고 읽어야 절제가 돼요. 우리 아버지는 '설교와 치마의 길이가 짧을수록 시선의 길이는 길어진다'는 걸, 짧은 설교일수록 더 회중들의 주목을 받는다는 사실을 모르셨습니다.

하여간에 그때 훈련이 돼서 지금 교인들과 상담할 때 두세 시간, 혹은 서너 시간씩 해도 견딜 수 있습니다. 어떻게요? 그때처럼 딴 생각하면서 듣거든요. 계속 집중해서 그 골치 아픈 얘기를 듣다보면 머리에 쥐가 나잖아요. 미국에서 목회하시던 어느 유명한 목사님도 그런 상담시간에는 딴 생각을 했다고 하더군요. 그래서 근래에 와서는 그런 긴 상담은 될 수 있는 대로 하지 않으려고 노력해요.

그리고 때때로 왜 그 아침예배시간에 뒷간에서 부르는지 모르겠어요. 대부분 설교시간에 신호가 와요. 그러면 살며시 일어나 나갑니다. 그것만은 허용이 돼요. 생리적 현상이니 어떡해요? 그러니까 그날은 그 지루한 예배를 건너뛰는 유월절(Passover)인 셈이지요. 그러나 그러한 유월도 반복되면 혼나요. 똥 마려운 것도 맘대로 못해요.

39

그리고 또 잊을 수 없는 것은, 한참 설교하시다가 무슨 질문을 하시면 우리는 대답을 잘 안 하던 날들의 기억입니다. 주관식 문제를 내시니까 잘 모르겠는 겁니다. 사지선다형이나 오지선다형, 또는 ○ ×문제나 관계 있는 것끼리 줄긋는 것이 아닙니다. 보기를 주고 거기에서 고르는 것도 아닙니다. 오픈북 오픈노트 해도 모르겠어요.

'아브라함의 아들 이름이 뭐냐?' 그런 게 아니에요. '아브라함이 아들을 제물로 바칠 때의 심정은 어떠했겠느냐?' 그 정도만 물어도 좋겠습니다. '아브라함이 오늘 우리 집에 오시면 우리에게 뭐라고 하겠느냐?' 그러면 쉽지 않아요. 우리 아버지가 내시는 문제는 너무 주관적이라서 감도 잡기 힘듭니다. 감나무에 감이 너무 높이 달렸나 봐요. 뭔 말인지 알아요?

중국어로 갸우뚱이구요. 일본어로는 아리까리하구요. 불어로는 알쏭달쏭하고, 독일어로는 애매모호(ㅎ)해요. 불어 가운데 아리송이란 말도 있고, 러시아어로는 몰라스키아, '긴가민가'는 아프리카 말이래요. 나중에 우리 아버지가 '이게 정답이다' 그러셔도 수긍이 안 가요. 고개가 끄덕거려지지가 않았습니다. 질문(문제)도 주관적이지만 해답(정답)도 주관적이었던 겁니다.

그러나 아버지는 그런 문제에 대해 우리가 어떤 대답을 할 때까지 무조건 묵묵히 기다리고 계셨습니다. 2분, 3분, 5분, 어떤 때는 10분이 지나가도 그냥 서로가 멍하니 마주보고 앉아있습니다. 그러면 옆

숨겨진 보화

에서 할머니가, '아범아, 이제 좀 제발 끝내라~' 하면서 애들 학교 가야 되는데 그런다고 안달하시지요. 아버지와 자식들 간에 줄다리기를 하는 셈입니다. 그야말로 신경전이지요. 그러다가 그나마 아침밥도 못 먹고 학교 간 적이 왕왕 있었습니다.

그러니 그런 일을 아침마다, 그것도 공휴일도 안식일도 없이 1년 2년, 10년 20년, 30~40년을 매일 아침 합니다. 정말 급박한 상황이 있을 때엔 좀 짧게 드린 적은 있어도, 안 드린 날은 제 기억엔 없습니다.

그러다가 가끔 아버지가 어디 멀리 출타하시는 날이 있었습니다. 그 당시는 전국이 1일 생활권이 아닌 게 다행이었어요. 그래서 주무시고 오시면 우리끼리 드리는 예배가 얼마나 은혜스러웠는지 모릅니다. 왜요? 짧으니까요. 앞에서도 말했듯이 치마하고 설교는 짧을수록 좋다잖아요. 하여간에 그때 질려서, 우리 아이들이 어릴 때 저녁에 가정예배 보자고 졸라도 제가 싫어서 그냥 자자고 그랬어요.

그런 예배가 무슨 예배이었겠어요? 정말 하나님 앞에서 죄를 많이 지은 예배입니다. 그러면서도 예배 시작하면서 하는 첫 순서는 이런 성구를 암송하는 겁니다.

"하나님은 영이시니 예배하는 자가 영과 진리로 예배할지니라!"
(요 4:24)

이 말씀을 암송해놓고 찬송을 부르기 시작하는데, 이 말도 지극히 형식적인 순서가 돼 버렸고, 우리들의 기도도 그랬지요.

돌아가면서 대표기도를 하는데 며칠 만에 자기에게로 돌아와요. 그럴 때는 식구가 더 많았으면 좋겠어요. 빚쟁이에게 이자 날짜 돌아오듯 해요. 그때마다 좀 다른 기도를 한다는 게 얼마나 어려워요? 제가 할 말을 앞에서 형이나 누나들이 어제 다 했고, 또 저도 지난번에 벌써 수십 번 했는걸요. 그저 허구한 날 같은 소리를 하는 겁니다.

여러분, 여러분도 대표기도 하실 때 언제고 똑같은 내용의 기도하시잖아요? 이 장로님의 기도나 박 장로님의 기도가 거의 똑같아요. 그리고 김 장로님의 예전 기도나 오늘 기도나 다른 게 없어요.

"지금은 처음 시간이오니 마치는 시간까지 주님 함께 하시고 마귀 일절 틈 못 타게 하옵소서."

이거 빼놓으면 기도가 안 되는 줄 알지요?

앞에서도 말했지만, 우리는 이북에서 해방되기 전에 월남했는데 친척이라고는 고모밖에 없어요. 그 고모님이래야 저하고 나이 차이가 많아서 함께 살아본 적도 없지만, 우리가 매일 아침 누구나 하는 기도가 짧잖아요? 친척이라도 많았으면 죽 돌아가면서, 오늘은 이 친척, 내일은 저 친척을 위해 기도하면 좀 길 터인데, 그것도 아니었어요.

그런데 놀라운 일입니다. 그와 같은 지극히 형식적인 예배이고, 지극히 형식적인 기도인데도, 하나님은 역사하셨다는 사실입니다.

나는 그것을 믿습니다.

보세요, 우리 아버지는 45년을 그렇게 열심히 신앙생활 하시고 교회에도 열심이셨지만 장로가 되지 못하셨는데, 우리가 기도하던 고모부는 뒤늦게 예수 믿게 되었으나 장로가 되시고, 고모는 권사가 되셨어요. 우리 어머니는 권사도 아니셨거든요. 그때는 집사라는 직분도 없던 때라서 그저 속장일 뿐이었죠. 속장이었다 겉장이었다 그랬죠. 속회의 담당이 아니면 속장직마저 사라지는 거니까요. 그런데 고모나 고모부는 장로님 권사님이에요. 사업을 크게 하시던 고모부에게 하나님께서 사랑의 징계를 대시고 체험케 하셔서 그렇게 돌이키게 하셨습니다. 우리는 그것을 보고 느꼈습니다. 수십 년 형식적인 기도였고 의례적인 기도였지만, 그게 그렇게도 역사하더라 그겁니다.

흉내만 내어도 응답됩니다. 역사가 일어납니다. 믿으시면 아멘 합시다.

가정예배를 권함

춘우

「監理會報」 1933년 7 · 8월호

베다니의 가정

예수께서 베다니의 가정에 초대를 받아 가셨을 때에 마리아는 예수님의 발 아래 앉아 하시는 말씀을 듣고 있었고 마르다는 분주히 음식을 준비하고 있었다. 마르다는 너무도 어려워서 자기 동생으로 하여금 자기를 돕게 하여 주십사고 청하였다. 이에 주님께서 "마르다야 네가 많은 일로 염려하고 근심하나 부족한 일이 하나 있다."고 하셨다.

오늘의 가정

예수께서 오늘의 우리 가정에 오신다고 하면 반드시 마르다에게 대답하신 말씀과 같은 말씀을 하실 것이다. 오늘의 가정은 마르다와 같이 먹고 입고 자는 일 외에 마리아와 같이 예수님의 진리와 교훈의 말씀을 듣는 일은 하지 않는다. 가정은 결코 먹고 입고 자는 일에 그치는 공동숙박소가 아니다. 정신적으로 위안을 받고 만족을 얻어야 하는 곳이다. 이 의미에서 가정가정마다 예수님을 모시어 드리고 그 보배스러운 말씀을 들음으로 가정에 신앙운동을 일으켜야 하겠다. 신앙은 행복의 기초요, 인격교양의 요소이다. 이렇게 하려면 무엇보다도 가정에서 가정예배를 하여야만 한다.

가정예배의 감화력

가정예배는 실로 감화력의 근본이다. 매일 아침마다 혹은 매일 밤마다 할머니 할아버지 어머니 아버지 아들 딸 온가족이 돌라앉아서 함께 노래하고 기도하고 성경을 읽음으로 하나님께 경배하고 예수님을 앙모한다는 것은 실로 기독교 감화의 근본이다. 따라서 가정에 신앙운동을 일으키기에 족할 것이다.

이와 같이 가정예배를 매일매일 습관적으로 하게 될 때 그 가정에는 하나님의 영화(靈化)가 부지불식간에(不知不識間) 가족들의 가슴에 넘칠 것이다.

인도자는 주부

아버지 된 사람은 흔히 여행하는 일이 많고 집에 있다고 하여도 아침 일찍이 나가기도 하고 저녁에 늦게 들어오기도 하므로 가정예배 인도자로는 부적당하다. 그보다는 그 가정의 주부(主婦)가 되는 어머니가 가정예배의 인도자가 되는 것이 적당하다. 남편이 없을 때에 자녀들과 가지런히 앉아서 예배를 드리자. 이러한 때에 특히 여행중인 남편을 위해 기도한다고 하는 것은 참으로 아내로서 남편에게 대한 그리움(사랑) 자녀로서 아버지에게 대한 그리움(사랑)을 두텁게 하며 따라서 행복을 가져온다.

아동중심으로

가정예배는 아동중심으로 하는 것이 좋다. 자녀들이 잘 부를 수 있는 찬송을 택하여 부르고 기도를 할 때에는 어린 사람들이 알아들을 수 있는 말로 하되 너무 길게 하지 말고 간단히 할 것이며 어떤 때는 자녀들로 하여금 기도하게 하자. 자기 혼자 못할 때에는 기도를 한마디씩 따라하도록 해도 좋을 것이다. 또한 성경을 읽을 때에도 할 수 있는 대로 어린 사람이 그 뜻을 이해할 만한 성경 구절을 택하고 어린이로 하여금 한 절씩 읽게 한다. (교육국 편집부에서 명년에 쓸 가정예배의 매일 매일 순서를 편집중이랍니다. 하루라도 속히 나오기를 손꼽아 기다립니다.)

* 1933년 발행된 옛글체를 현대어로 고쳐서 편집함.

Ⅱ. 가정예배 회복
어떻게 할 것인가?

1. 가정예배의 중요성을 깨닫게 한다

2. 교육하고 훈련한다

3. 프로그램을 개발한다

4. 가정예배 교과서인 가정예배서가 꼭 필요하다

5. 목회자 가정과 중직자 가정부터 모범을 보여야 한다

6. 보고서가 필요하다

1. 가정예배의 중요성을 깨닫게 한다

은혜가 무어냐고 묻는다면 깨닫는 것이 은혜다. 웰빙시대에 현대인들은 건강의 중요성을 깨닫기 때문에 몸에 좋은 것은 무엇이든지 먹고 마신다. 작심삼일이라도 건강에 유익하다면 즉시 실천한다. 몸에 좋다면 굼벵이도 뱀도 고양이도 누에도 까마귀 등… 돈을 아끼지 않고 먹질 않는가? 건강에 좋다면 작심삼일이 될지라도 자전거도 타고 등산도 하고 혹독한 방법으로 다이어트도 실천하지 않는가?

교인들의 신앙생활 역시 믿고 깨달은 만큼 행동한다. 가정예배의 중요성을 인식하고 깨닫게 하는 목회전략은 결코 힘들거나 어려운 일이 아니다.

2. 교육하고 훈련한다

온 가족이 즐겁고 자발적으로 참여할 수 있는 가정예배회복을 위한 교육과 훈련은 결코 독수리 훈련처럼 어려운 일이 아니다. 어린 아이가 젖을 떼고 밥을 먹는 것처럼 조금만 관심을 가지고 기도하고 노력한다면 가정예배회복은 결코 건너지 못할 강이나 오르지 못할 산일 수 없다.

3. 프로그램을 개발한다

지속적인 가정예배를 위한 프로그램을 어떻게 개발할 것인가? 교회에서 가정에서 교단이나 선교회에서 조금만 머리를 맞대고 생각하고 연구한다면 쉽고도 행복한 가정예배 프로그램을 만들 수 있을 것이다.

4. 가정예배 교과서인 가정예배서가 꼭 필요하다

옛날 우리의 부모님들은 교재가 필요 없었다. 오직 성경, 찬송 한 권씩이면 흡족하였다. 그러나 다원화된 21세기에 가정예배를 위한 전문적인 가정예배서는 매우 필요하다. Q.T나 말씀묵상을 위한 소책자는 많이 개발되었으나 전통적인 가정예배를 위한 도서는 미진한 것이 사실이다. 시중에 가정예배서가 나오고 있는데, 그 중 1936년 발행한 「가정예배서」로 시작하여 오늘까지 이르는 역사를 자랑하는 「하늘양식(도서출판 kmc)」이 많은 독자의 사랑을 받고 있다.

한국교회 최초로 1936년 감리교 본부에서 발행한 가정예배서

51

Ⅱ. 가정예배 회복 어떻게 할 것인가?

5. 목회자 가정과 중직자 가정부터 모범을 보여야 한다

이유가 없다. 무조건 시작할 일이다. 왜냐하면 땅에 감춘 보배와 같기 때문에 한국교회가 경쟁적으로 먼저 깨닫고 실천할 때 엄청난 축복의 주인공이 될 뿐 아니라 세계로 나가는 한국교회를 세우는 데 쓰임 받게 될 것이다. 자신이 행하지 않으면 가르치거나 전하지 못함이 인지상정이다. 목회자의 삶 자체가 예배이기 때문에 쉬운 일이 아니지만 그래도 가르치고 전해야 한다. 17세기는 네덜란드가, 18세기는 독일이, 19세기는 영국이, 20세기는 미국이 21세기는 대-한-민-국(한국교회)이 세계선교에 주역이 될 것이다. 목회자 가정이나 중직자 가정에서 가정예배를 강조하고 격려하고 실행했다면, 오늘의 한국교회는 지금보다 더 엄청난 역사를 이루었을 것이다.

6. 보고서가 필요하다

하나님께서도 구약시대에는 율법을 주셨고, 신약시대에는 복음을 주셨다. 어린이가 자라서 어른이 되는 것처럼 처음에는 약간의 율법이 필요하다. 그것은 교회마다 가정마다 가정예배일지를 쓰도록 하여 보고서를 제출하도록 하고 격려하고 지도한다면 반드시 가정예배는 회복된다. 그리고 세월이 지난 후 자손만대에 물려주는 가보(家寶)가 될 것이다. 수동교회(박명순 목사)는 모든 가정이 「하늘양식」(도서출판 kmc)을 구입하여 매일 가정예배를 드리고 담임목사에게 보고서를 제출할 뿐 아니라 헌금도 하여 구제와 선교에 사용한다.

가정예배 보고서

월 일 ~ 월 일

2009년 목표	
가족 구성원	

예배

교재 : 하늘양식

	월 일	월 일	월 일	월 일	월 일	월 일	월 일
참석							
성경							
찬송							
기도							
헌금							

기도 제목

전체 기도 제목	

기도응답 및 감사

※목사님, 우리 가족을 위해 **특별히 기도해** 주세요.

Ⅱ. 가정예배 회복 어떻게 할 것인가?

가족을 축복하는 가정예배

이병만 권사(청양감리교회)

저희 집 가정예배는 암으로 투병하시던 어머니를 모시던 2001년 부터 아내(강혜경 집사)의 믿음으로 시작되었습니다. 어머님을 위한 기도와 교회학교에서 교사로 봉사하던 아내가 교회학교 예배를 통해 세 자녀를 말씀으로 양육해야겠다는 다짐도 겸하면서였습니다. 우리 부부는 성경에서 하나님께 쓰임을 받았던 신앙의 선조들의 삶을 자녀들에게 알려주고 싶었습니다. 물론 우리가 아는 지식은 부족하고 모자라지만 가정예배부터 시작하면 하나님께서 도와주시리라 믿고 시작하였습니다. 또한 아프신 어머니를 모시는 것이 쉽지 않았지만, 매일 하나님이 예배를 통해서 주시는 위로는 우리뿐 아니라 어머니에게도 임하기를 기도했고, 어머님이 천국가시기까지 하나님을 마음에 품으시고 믿음으로 가시길 기대하는 마음으로 저희가정의 예배는 시작되었습니다.

　지금은 중학생과 초등학생으로 자라났지만, 그 당시에는 초등학생과 유치원생이었던 세 자녀와 함께 매주 목요일에 예배를 드렸습니다. 그러나 아이들이 자라 중학생이 되니 함께 시간을 맞추는 것이 생각처럼 쉽지 않았습니다. 또한 저의 작은 사업도 시간을 맞추는 것이 쉽지 않아, 날짜를 토요일로 옮기면서라도 지켜야겠다고 마음먹고 일주일에 한 번은 가정예배를 드리게 되었습니다. 그런데 지속한다는 것이 더 어려웠습니다. 또한 예배를 드리려고 하면 갑자기 생기는 일들이나 때론 불화도 있었습니다. 그리고 아이들은 성경 말씀이 쉽게 이해되지 않아 그냥 앉아만 있는 경우도 있었습니다. 이렇게 어둠의 권세들이 여러 가지 모습으로 가정예배를 방해하곤 하였지만 그래도 계속 멈추지 않았습니다.

　처음에는 어떻게 드려야 할지도 몰랐습니다. 그냥 순서에 의존해서 하니 딱딱하기만 하였습니다. 그래서 말씀을 읽고 생각을 나누기도 하였습니다. 어려웠지만 그렇게 한두 번 꾸준하게 드리다보니, 이제는 작은 변화들이 생겼습니다. 요즈음 모든 가족이 한 자리에 모여 이삼십 분 함께 있는 가정은 참으로 드뭅니다. 그런데 우리 가정은 가정예배를 통해서 온 가족이 한자리에 모일 수 있었습니다. 한 번은 송구영신예배 때 각자 받은 '새해에 주시는 말씀카드'를 가지고 하나님께서 어떤 의미로 이 말씀을 주셨는지에 대해 생각을 나누며, 새해를 서로 축복하며 시작하였습니다. 아이들은 이 예배를 깊이 기억하고 있습니다. 그때는 두서없이 드린 예배였지만, 그 작은 하나하나의 이야기들이 아이들에게 큰 영향을 준 듯합니다.

저희 가족 다섯 명은 모두 개성이 강합니다. 그러기에 큰 소리도 많고, 서로 배려하는 마음도 부족했습니다. 그러나 예배를 통하여 서로에 대해 기도하기 시작하였습니다. 아이들은 작은 일부터 기도하였습니다. 동생의 치아가 아프지 않기를, 둘째의 치아교정이 잘 되기를, 첫째 오빠의 진학을 위해서 등 아이들의 기도가 점점 구체적으로 바뀌어 갔습니다. 물론 모든 아이들이 자기들의 부모가 아프지 않고 잘 되기를 바라겠지만, 그 바라는 마음을 기도하는 소리로 들을 때의 부모의 심정은 경험해 보지 못한 사람은 모를 것입니다. 머뭇거리며 작은 소리로 하는 기도일지라도 '아이들이 이렇게 아빠와 엄마를 생각하고 배려하는구나!' 라는 감동이 물밀듯 밀려왔습니다. 그러다보니 기도시간도 길어지고 기도할 제목도 참으로 많아졌습니다. 이러한 가정예배는 제가 교회에서 목장인도자로 사역하는 데에 많은 도움을 주었습니다. 예배를 이끌어가며 한 가정 한 가정 위해 기도하게 하고, 무엇보다도 담대함을 주었습니다.

처음에는 의무로 시작한 가정예배지만 하나님은 은혜로 바꾸어 주셨습니다. 가정예배는 피로하고 지친 생활에 새 힘을 주며, 공부, 친구, 진로 등으로 고민하고 갈등하는 아이들이 하나님께 직접 위로 받게 합니다. 아내는 늘 밤마다 아이들의 머리에 손을 얹고 기도합니다. 그래서 성령의 아홉 가지 열매, 전신갑주, 다윗의 용기, 솔로몬의 지혜, 요셉의 꿈, 사도바울의 믿음, 야베스의 축복을 구하는 등의 엄마의 기도 내용을 이제는 아이들이 스스로 외우며 자신을 향해 그렇게 축복하고 있습니다.

아직 저희 친척 중에 믿지 않는 가정이 있습니다. 하나님이 저희 가정을 동기간의 제사장으로 삼으셨으니, 저희 가정을 통해서 친척들이 하나님을 알고 믿음의 세계, 신앙의 세계에 함께할 수 있기를 기도합니다. 그리고 자녀들의 삶을 하나님이 인도하셔서 그들이 세상을 섬기는 지도자가 되기를 기도합니다. 이러한 기도와 소망의 시작은 작은 가정예배에서 시작되었습니다. 신앙의 모든 가족이 가정예배를 드리기를 축복합니다. 행복하십시오.

「監理會報」 1937년 9월호

가정예배

김종필

인생 궁극(窮極)의 목적은 사람이 죄 가운데서 구원받는 것만이 아니오, 하나님을 찬송하는 것이라고 마틴 루터는 말하였습니다. 신자는 일 년 동안에 다만 한 번만 예배당에 가서 하나님께 기도하고 찬송할 것이 아닙니다. 매일매일 가정에서도 하나님께 기도하고 찬송하는 습관을 지어야 할 것입니다. 그것을 나는 가정예배라고 말합니다. 하나님의 신령한 교회는 다만 예배당에만 있을 것이 아니요, 신자의 가정 안에도 건설되어야 할 것입니다.

옛날부터 오늘까지 기독교회의 숨은 세력은 개인의 가정 안에 있었습니다. 모든 신자는 그 가정에서 거룩한 하나님의 제단을 쌓고 온가족이 한마음 한뜻으로 찬송과 기도를 올릴 때 거룩하신 하나님께서 나타나심을 인식하게 되었습니다. 그래서 이 가배(家拜)를 힘써 지키는 가정은 승리와 행복과 번영의 은혜가 충만하였으며 그들의 신앙은 뜨겁고 소망은 빛나서 참 그리스도교인의 가정으로서 하나님의 깊으신 사랑에 목욕하는 자들이었습니다. 이와 같이 가정예배의 필요를 더 설명할 것은 없습니다. 이제 그 예배 실행방법에 있어서 우리는 어떠한 모양으로 또는 어느 시간에 드려야 좋겠습니까?

아침과 저녁으로 두 번씩 예배 보는 것이 우리 신자생활의 이상으로 생각합니다. 그러나 사정과 형편으로 두 번씩 실행하기 어려우면 아침이나 저녁이나 어느 편을 택하든지 하루에 적어도 한 번만은 가족으로 더불어 예배 보도록 하여야겠습니다. 먼저 가족 일동이 한방에 모여 정좌하고 찬송가를 부른 후에 성경 한 절씩을 돌려 보게 하고 가족 중 누구든지 한 사람이 기도한 후에는 다같이 주의 기도문을 외고 폐회할 것입니다. 시간은 십 분이나 혹 이십 분 가량이면 넉넉할 줄 압니다. 한 가지 주의할 것은 성경을 여기저기 택해서 읽는 것보다 예수교서회에서 만든 일과표(日課表)와 같은 것을 사용하여도 좋고 또 우리 감리교 총리원 교육국 총무 류형기 씨의 역술인 「가정예배서」를 사용함도 좋습니다. 이 책은 365일을 나누어 매일매일 기도의 제목을 정하고 요절 성경 명상 기도의 순서로 되었는데 가장 간편하고도 영미진진(靈味津津)한 책입니다. 단순한 종교적 방법에 있어서 개인이나 또는 가족이 영적실감(靈的實感)에 도달할 수 있도록 준비되어 있습니다. 매일 이 책을 규칙적으로 읽어 가정예배에 개인적 수양에 사용할 것 같으면 큰 은혜를 받고 사랑과 봉사의 목표를 보여 줄 수 있는 줄 믿습니다. 그 외에도 가배의 참고될 만한 좋은 책들이 발행되어 있습니다. 스펄전 씨의 (Spurgeon) "Morning by Morning"과 또 "Evening by Evening"이란 책은 靑芳勝久 씨가 일본문으로 「아침마다」「저녁마다」라는 제목으로 번역하였습니다. Herbert L. Willett, Charles Clayton Morison이 같이 저술한 「Daily Altar」를 松澤兼人 씨가 일본문으로 「日日의 聖壇」이라고 번역하였습니다. 또 賀川豊彦 씨가 저술한 「하나님께 무릎을 꿇고」「하나님과 것(겉)는 一日」, 松澤兼人 씨의 「날마다의 힘」이란 책도 발행되어 있습니다.

이와 같이 참고될 만한 책은 많이 있으되 우리가 가배를 실행할 만한 믿음이 없으면 소용없는 것입니다. 어린아이들이 떠든다고, 학교와 은행 회사 관청에 출근하는 시간이 늦어진다고, 농장에서 돌아온 후, 공장에서 돌아온 후에 몸이 피곤하다고 해서 가족예배를 게을리 하는 폐가 있다면 안 되겠습니다. 이 예배는 신자가 자기의 신명을 산 제물로 바쳐서 먼저 하나님을 기쁘시게 하는 매일매일의 중

대한 행사(行事)입니다. 우리 신자로서 이러한 행사가 없이는 예수 그리스도의 장엄지극(莊嚴至極)한 구원의 도리를 알 수 없을 것입니다. 그런즉 우리 감리교인들은 우리의 가정으로부터 기독교회가 먼저 건설될 수 있도록 힘쓰는 동시에 가정예배를 실행하여 봅시다. 개인신앙의 부흥이나 교회 부흥은 이 가정예배 보는 데 달렸고 또 외인들에게 전도하는 좋은 방법도 가정예배 보는 데 있다고 생각합니다. 이 사람도 예수를 믿은 후로부터 오늘까지 24년 동안 가정예배를 실행하여 오는 중 영적감화와 영적진보가 얼마나 컸다는 것을 다 말하기 어렵습니다.

Ⅲ. 가정예배 회복을 위한 구체적인 전략

1. 가정예배로 목회 방향을 전환하자
2. 선교사들과 한인교회에 가정예배를 독려하고 후원하자
3. 뜻을 정하자
4. 분위기(장소, 장비, 의복…)를 만들어 준비하자
5. 시간과 정성을 들이고 가정예배서를 식구마다 구입한다
6. 10 ~ 15분을 넘지 않도록 한다
7. 하루도 빠지지 말고 지키자
8. 가정예배를 기초 사역으로 선언하자
9. 가족이 돌아가며 예배 인도자가 되고 기도자가 된다
10. 예배 후 "사랑한다" 고백한다
11. 다양한 프로그램을 개발하자
12. 복음적인 가정예배가 되게 하자
13. 다양한 기도문을 사용한다
14. 소문을 내자
15. 사랑을 실천함이 산 예배다
16. 가정예배를 계획하고 실천하자
17. 마음을 집중할 수 있는 장소여야 한다

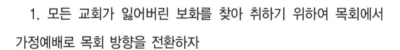

1. 모든 교회가 잃어버린 보화를 찾아 취하기 위하여 목회에서 가정예배로 목회 방향을 전환하자

가정에서 드리는 예배지만 교회 차원의 교육과 격려, 돌봄이 필요하다.

2. 모든 나라에 흩어진 선교사들과 한인교회에 가정예배를 독려하고 후원하자

한인 2세들이 갖는 정체성 문제, 모국어를 잘 사용하지 못해 부모와의 대화가 단절되는 외국에 사는 동포가족들에게 한국어로 드리는 가정예배는 민족성과 신앙을 되찾게 해줄 것이다.

3. 모든 성도들이 다니엘처럼 가정예배를 드리고 기도할 수 있도록 뜻을 정하자

먼저 가정예배를 왜 드려야 하는지에 대한 교회 차원의 교육이나 세미나를 준비한다. 이 책과 같은 지침서를 교과서로 하고 교회 지도자들과 모든 가정이 숙독하도록 유도한다. 또한 가정예배를 드리는 가정에 지속적인 관리를 하며, 보고서를 받고, 일 년에 1~2차례 헌신예배를 기획해도 좋을 것이다. 헌신예배 시 간증의 시간을 갖기도 하고, 보고서를 전시해도 좋을 것이다. 또한 교회 주보나 회지 홈페이지에 정기적으로 가정예배 란은 만들어 가정의 참여를 유도한다.

4. 성도들의 가정마다 가정예배를 위한 분위기(장소, 장비, 의복…)를 만들어 준비하자

처음부터 엄숙하게 진행하도록 무엇무엇을 갖추라고 강요하기보다는 자연스러운 분위기를 만들면서 예배를 잘 드리기 위해 보완하는 차원이다. 장소 교재 복장상태 마음가짐에 대한 분위기를 자연스럽게 만들어간다.

5. 가정예배 회복을 위하여 투자를 하자

시간과 정성을 들이고 가정예배서를 식구마다 구입한다.

6. 신령과 진정으로 예배하되 10~15분을 넘지 않도록 한다

가정예배는 아침과 저녁, 하루에 두 번 드리는 것이 이상적이며 성경적 가르침에 잘 맞는다. 구약 시대에는 하루를 시작할 때와 마칠 때에 아침저녁으로 기도드리며 희생 제사를 드렸다. 구약 시대에는 하루에 세 번 기도하는 것이 일반적이었다. "저녁과 아침과 정오에 내가 근심하여 탄식하리니 여호와께서 내 소리를 들으시리로다." (시 55:17)

웨스트민스터 예배모범에서도 "모든 가정에서 매일, 일반적으로 아침과 저녁에 드려야 하는 가정예배는 기도와 성경 봉독과 찬양으로 이루어진다."고 했다. 미국 예배 지침서에도 "가정마다 행해야 하는 가정예배는 보통 조석으로 드리되, 기도와 성경읽기와 찬송가로 구성된다."고 했다. 가정예배의 지침에서 찰스 셀은 예배 시간에 대해 획일화해서는 안 된다고 하였고 규칙적으로 드리고 짧게 드리도록 권장했다. 매우 중요한 지침이다. 다만 온 가족이 이른 아침에 한 자리에 모여서 가정예배를 드리면 유익한 점이 많다. 육의 양식을 섭취하기 전에 영의 양식을 섭취하는 것이 마땅하다. 그러지 않으면 하나님과 함께 하루를 시작하는 기쁨을 누리지 못할 것이다.(Alexander)

온 가족이 한자리에 모이는 시간이므로 너무 긴 시간을 할애하게 되면 예배 시간이 지루할 수 있고 효과가 반감되기 쉽다. 리차드 세실은 이점에 대해 「남은 자」에서 다음과 같이 말하여 예배시간이 너무 지루하지 않도록 해야 한다고 했다.

당신 가족을 오랜 예배 시간 동안 집중하게 하기란 힘듭니다. 해야 할 일이 남아 있는 하인들은 얼른 자리를 뜨고 싶어 할 것입니다. 간혹 여주인이 그들을 곱지 않은 시선으로 노려보기도 할 것입니다. 그러므로 예배 시간이 즐겁지 않고 도리어 힘든 시간이 되게 하여서는 안 됩니다. 가정예배는 온 가족이 기쁨을 누리는 은혜의 시간이어야 합니다. 이 점을 무시하는 가장은 가족을 힘들게 할 뿐입니다. 야곱은 형 에서에게 유약한 자기 자식들과 지친 양들과 소 떼를 위하여 선처를 부탁했습니다. 우리는 가정예배를 드릴 때 너무 지나치지 않은 적당함이 필요합니다.(최준혁의 논문 중에서)

7. 식구가 다 모이지 못하더라도 하루도 빠지지 말고 지키자
습관이 운명을 바꾼다고 하지 않는가?

8. 교회의 모든 조직의 책임자들은 가정예배를 기초 사역으로 선언하자(총회, 연회, 노회나 지방회)
천만 성도의 가정마다 찬송과 기도소리가 세상과 하늘에 메아리칠 때 마귀는 물러가고 복음통일의 지름길도 될 것이며, 만민을 구원하는 복의 근원으로 쓰임 받게 될 것이다. 생각만 해도 구름 위를 나는 것처럼 기쁘지 아니한가?

9. 가족이 돌아가며 예배 인도자가 되고 기도자가 된다

한글만 읽을 줄 알면 가족이 돌아가며 예배 인도자가 되고 예배를 준비하는 자가 되고 기도자가 될 수 있다. 누구나 할 수 있고 누구나 참여할 수 있다고 생각하게 하라.

10. 가족 중 아버지나 어머니는 가정예배 후 자녀들을 품에 안고 "사랑한다" 고백하며 머리에 손을 얹고 안수기도를 해주자

이삭이 야곱에게 이삭이 열두 자녀에게 요셉이 자녀들에게 축복한 기도가 이루어진 것처럼 믿고 안수하자. 예수 그리스도는 어제나 오늘이나 동일하시다.(히 13:8)

11. 다양한 프로그램을 개발하자

예배 후 명화나 종교영화 감상, 담임 목사 초청, 명사나 지인 초청, 가정예배나 고넬료의 가정처럼 3일 정도 특별 부흥성회도 생각해본다. 대문에 포스터도 붙이고 주위에 성도들이나 일가친척 권속들을 초청하는 가정부흥회가 된다면 은혜도 받고 전도도 하는 기회도 될 것이다. 1년에 한두 번씩 가정예배를 국내나 국외로 여행하면서 드릴 수 있다면 자녀들에게도 격려와 추억이 되고 가정예배를 지속하여 드리는 데 큰 힘이 된다.

12. 율법적인 가정예배가 아니라 복음적인 가정예배가 되게 하자

가족이 처한 다양한 상황을 이해하고 최대공약수를 찾아 가정예배는 의무보다도 권리며 우리가정의 자랑이고 전통임을 느끼게 하자.

13. 다양한 기도문을 사용한다

미리 기도문을 만들어 기도하게 한다면 결국 기도의 은사와 기도의 영을 받게 될 것이다. 사실 최고의 기도는 주님이 가르쳐주신 기도일 것이다. 그리고 사도신경을 예배시간마다 고백하는 것도 믿음을 자라게 하는 은혜의 방편이 될 수 있다.

14. 소문을 내자

우리 집은 가정예배를 드리며, 우리 부모님, 우리 목사님은 가정예배 전문가라고 소문이 난다면 얼마나 하나님께 영광을 돌릴 것인가? 개인적으로 존경하는 김창호 목사님을 잊을 수 없다. 그분은 평생 성자처럼 기도로 사신 분이다. 은퇴 후에도 롯교회(전용범 목사) 소속목사로 예배당 건축 시 대한수도원에서 건축을 위하여 40일 금식기도를 하시고 분에 넘치는 건축헌금을 드리신 분이다. 그분은 평생목회하시면서 목사님 가정에 성도들이 방문하면 하루에 몇 번이든 "우리 예배드립시다." 말씀하시면서 언제든지 찬송가 28장을 부르

숨겨진 보화

셨다. "복의 근원 강림하사 찬송하게 하소서. 한량없이 자비하심 측량할 길 없도다. 천사들의 찬송가를 내게 가르치소서. 구속하신 그 사랑을 항상 찬송합니다." 찬양 후 말씀을 전해주시고 축복기도 해주신다는 소문을 듣고 40일 금식기도하시는 대한수도원을 방문하였다. 역시 40일 금식기도에 수척한 몸을 지탱하시면서 "예배드리십시다. 찬송가 28장입니다." 하셨다. 함께한 성도들과 함께 큰 은혜를 체험했던 일이 엊그제 같은데 벌써 30여 년 세월이 흘렀다. 목사님의 그 모습이 그리워진다.

15. 사랑을 실천함이 산 예배다

가정예배의 응답으로 사랑을 실천하도록 하자. 강남대학에서 후진을 가르치는 이숙종 목사(한국-체코 코메니우스 연구소 소장)의 가정예배 간증이다.

"서울 지하철 2호선을 타고 잠실역에서 내려 돌계단을 걸어 출구로 올라갈 때마다 계단 가운데 한 쪽에서 만나는 사람이 있었다. 그 사람은 70세 훨씬 넘게 보이는 시각 장애인으로서 신문지나 라면박스를 자리용으로 깔고 앉아 오가는 사람들에게 손을 내밀며 동냥으로 받은 푼돈으로 겨우 연명해가고 있었다. 지금까지 거의 20여 년 동안 매일매일 정해진 시간과 정해진 곳에 자리를 잡고 그것을 생의 기반으로 하루를 시작하는 모습에 항상 깊은 인상을 받곤 했다. 그

71

어른을 처음 알게 된 지는 꽤 오래 전 일로 기억된다. 80년대 말 세 아이들이 초등학교와 중학교에 다니었던 때. 그들도 지하철을 타기 위해 계단을 지나칠 때마다 마주치게 되었던 얼굴이었다. (중략) 아이들이 어릴 때 그 할아버지를 떠올리며 돕는 방법을 함께 의논해보았다. 남을 돕는 일에 별로 관심이 없어 보이는 아이들에게 나는 이러한 제안을 했다. 토요일마다 드리는 가정예배에서 헌금 순서를 두어 모은 것을 크리스마스 이브에 할아버지께 가서 직접 드리는 일이었다. 아버지가 제안한 의견이었기에 아이들은 그대로 따르며 모은 헌금을 돼지 저금통에 넣기 시작했다. 그해 크리스마스 이브에 가정에서 함께 예배를 드린 후 지금까지 헌금으로 모았던 돼지 저금통을 들고 바깥 찬바람을 맞으며 세 아이들과 함께 할아버지가 앉아 계신 계단에 이르렀다. 세 아이 중 막내인 딸아이가 대표로 저금통을 안겨주며 앞을 보지 못하는 할아버지께 전달하기로 했다. 무슨 영문인지 알아채지 못하는 할아버지께 어린 딸아이가 저금통을 직접 전해주었을 때 함께 간 두 아이와 나는 큰 소리로 메리 크리스마스를 합창하며 크리스마스 인사를 전했다. (중략) 해마다 크리스마스가 돌아오면 그리고 가끔씩 지하철 계단을 지날 때마다 그 할아버지와 그때 일을 떠올리게 된다. 지금도 같은 자리에 앉아계시는 할아버지를 종종 만날 때도 있지만 이제는 우리 아이들이 저금통보다 더 큰 것으로 그들의 주위에 있는 더 많은 사람들을 도와줄 것으로 기대해본다."

숨겨진 보화

16. 가정예배를 계획하고 실천하자

밀러(R.C. Miller)는 "가정예배에 대하여 가정에 따라 약간의 특색이 있을 수 있으나 예배 순서의 중요부분을 삭제하거나 생략해서는 안 된다."라고 말하면서 다음과 같은 실제적인 원리를 제시하고 있다.

첫째, 가정예배는 가족 구성원들의 서로 은밀한 기도생활에 기초하며, 가족들의 신앙생활의 한 부분이다. 특히 가정의 가장은 하나님으로부터 제사장과 선지자의 직분을 위임받았다. 때문에 가장은 가정의 신앙교육의 책임자로서 가정예배를 드리기 전에 하나님과의 개인적인 영적 교제와 가족들을 위한 중보와 간구, 섬기는 교회에 대한 기도가 있어야 하며, 부부간의 공동협력에 의해 가정예배는 미리 계획되어서 드려야 할 것이다.

둘째, 가장은 그 가정 안에서 영적 머리로 가정예배를 인도할 수 있는 권력을 그 안에서 얻게 되며 영적 지도자가 된다. 가정예배는 아버지가 가정의 제사장이며, 영적 지도자임을 확인시켜 줌으로써 가정을 하나님 앞에서 신실하게 신앙으로 선도해 나가야 한다.

셋째, 가정예배를 언제 드리는 것이 가장 효과적인가? 이 물음에 대해서는 가정예배의 시작과 소요시간에 있어서는 일정한 기준은 없으며 아침 저녁으로 그 가정의 형편과 처지에 따른다.(홍승연의 논문 중에서)

17. 가정예배 장소

하루의 활동 중 가장 중요한 활동이며 그 어떤 것에 의해서도 방해받아서는 안 된다는 사실을 당신의 자녀들이 배울 수 있게 해주기 위해서 어떤 방이든, 거실이든 마음을 집중할 수 있는 장소여야 한다. 가능한 성경과 찬송, 모든 필요한 경건 서적들이 있는 방을 택할 것을 권한다."(조엘 비키)

모든 가족이 한자리에 모일 수 있는 공간이어야 한다. 아침 식사를 시작하기 전에 식탁 앞에 앉아 드리는 예배는 온 가족이 함께 할 수 있으므로 좋은 장소가 될 수 있다. 그러나 잠자기 전 저녁에 드리는 예배는 조금은 여유 있는 시간이기 때문에 좀 더 알차게 준비하고 정성껏 한 마음으로 드릴 수 있는 최고의 장소를 선택하여 가정의 예배당처럼 구별하고 온 가족이 예배를 준비하고 드리게 하면 좋다.

동원가족 주일 밤 가정예배

양순열 장로 강은숙 권사 아들 시응의 가정

"엄마, 셋째 주일이 빨리 왔으면 좋겠다. 이번에는 탕수육을 먹어야지….."

어느덧 셋째 주일을 기다리는 햇수가 12년이 된다. 처음에는 생소하기도 하고, 어색하기도 했지만 가정예배를 드리는 횟수가 더해질수록 담임목사님의 뜻을 깨닫게 되었고 지금은 교회의 특별한 자랑거리 중에 하나가 되었다.

우리 집 같은 경우는 주일 아침 8시도 안 되어 교회로 출발하면 저녁 9시가 넘어야 집에 돌아오게 된다. 가족이 둘러앉아 한 주간에 있었던 이런저런 이야기를 할 시간도 별로 가지지 못하고, 또 한 주를 시작해야 되므로 서둘러 잠자리에 들다보니 가족끼리 이야기를 할 시간은 거의 없었다.

엄마와 아버지 모두가 주일학교 교사로 아이들을 가르치면서도 정작 내 자녀의 신앙에 대해 진솔하게 대화를 할 시간이 딱히 주어지지 않는 것이 마음에 걸림이 되었었다. 그런데 가정예배를 드리면서 가족 중 한 사람이 한 달에 한 번 돌아가며 예배를 인도하다보니 자연스레 아이의 신앙생활을 알게 되고, 가족이 신앙으로 하나가 되어가는 것을 느꼈다.

최근에는 남편이 인천으로 근무처가 옮겨지면서 가족이 함께하는 시간이 예전보다 더욱 줄어들었다. 그래서 '동원가족 주일 밤 가정예배'가 더욱 기다려진다. 우리 가족은 좋아하는 찬양을 부르고 순서에 따라 예배를 드린 후 약간의 간식과 함께 한 주간 바빠서 하지 못했던 대화를 나눈다.

고개를 끄덕끄덕하며 "주의 약속하신 말씀 위에서 영원토록 주를 찬송하리라."를 열심히 부르던 아이가 어느덧 청년이 되어서 아버지와 나란히 앉아 신앙에 대해, 인생에 대해 각자의 생각을 내놓고 이야기하는 모습을 볼 때 감사하는 마음과 "항상 기뻐하라. 범사에 감사하라."라는 성경말씀이 떠올라 마음이 즐거워진다.

오늘도 아들은 이야기한다. 주일 가정예배는 가족이 웃으면서 짧게 드려서 참 좋고, 셋째 주에 가끔 하는 외식과 소파에 나란히 앉아 함께 영화를 보는 시간이 소중하다고….

이래서 우리 가족은 가정에 사랑이 넘치게 해 주는 '동원가족 주일 밤 가정예배'를 항상 기쁜 마음으로 기다린다.

숨겨진 보화

「감리교생활」 1964년 5월호

그리스도의 사랑 안에 있는 가정을 이룹시다

5월은 교회적으로나 사회적으로나 대단히 중요한 달입니다. 3일은 어린이날이요 3일부터 1주일 동안은 가정주간입니다. 17일은 성령강림주일이고 24일은 웨슬레 신생의 체험을 기념하는 주일입니다. 과연 5월은 우리네 일상생활과 깊이 관련된 뜻있고 감격적인 달입니다.

어떤 역사가는 말하기를 "아버지 어머니 그리고 자녀의 이 삼위일체적 관계는 어떠한 인간관계보다도 오래 지속되어 왔다."고 하였습니다. 진실로 사람이 있는 곳에, 사람이 살아 있는 한 아버지와 어머니와 자녀의 관계는 영원히 지속될 것입니다. 이 삼위일체적 관계를 우리는 가정이라고 합니다.

그러므로 가정은 모든 인간의 생활과 역사의 기본단위라 하겠습니다. 예수께서도 언제나 사람의 문제를 말씀하실 때에는 이 가정이라는 인간관계를 마음에 두시고 하셨습니다. 그리스도교에서 가정이란 언제나 예수를 주로 모신 가정을 의미합니다. 예수가 가정의 주님이시라는 사실을 강조합니다. 예수가 가정의 주님이시라는 것은 가정은 예수의 사랑 안에 있다는 것을 뜻합니다. 오늘날 우리의 가정에 가장 요구되는 것은 예수의 사랑입니다. 이 예수의 사랑 안에서 결혼이 이루어지고 자녀가 자라고 교제가 이루어져야만 모든 대립은 이해와 용서로 바뀌고 모든 근심과 걱정이 안심과 희망으로 바뀌어지는 것입니다. 어떤 사람의 말에 참된 그리스도의 사랑 안에 있는 가정에는 어린 아이들의 울음 속에도 그리스도의 영이 나타나는 것이라고 하는 이야기가 있습니다.

이런 가정을 이루려면 무엇보다도 우리 가정에 그리스도의 영이 언제나 함께하여야 하겠습니다.

역사적 그리스도교는 오순절 성령강림으로부터 시작되었습니다. 성령이 임할 때 말씀의 선교가 있었고 몸과 물질을 나누어 주는 봉사의 선교가 있었던 것입니다. 오늘날 우리나라의 모든 그리스도인들이 갈급하게 그리고 심각하게 바라는 바가 바로 이 성령의 강림입니다.

어린아이의 울음 속에도 그리스도의 영이 나타나는 그런 거룩한 가정의 분위기를 이루려면 성령의 임재가 절대 필요한 것입니다. 성령이 임하여야 우리의 가정이 영적인 능력이 있는 가정이 됩니다. 성령이 임하여야 우리의 가정이 살아있는 선교사가 될 수 있습니다. 우리의 가정은 종국적으로는 위대한 전도의 세력이 되어야 하는 것입니다.

이 성령의 역사는 초대교회의 제자들 뿐만 아니라 개혁시대의 많은 영적 지도자들 즉 루터, 칼빈, 낙스와 같은 사람들을 낳았습니다. 그리고 요한 웨슬레를 낳았습니다.

웨슬레를 오늘의 감리교회의 모방이 되게 하신 이가 바로 성령이십니다. 웨슬레의 마음을 뜨겁게 한 힘이 성령이십니다. 믿음으로 말미암아 의롭다 함을 얻는다는 전통적 신앙이 새롭게 된 1738년 5월 24일은 모든 감리교인들에게 영원히 거룩한 날입니다. 이 날은 역사가 렉키가 말한대로 인간 역사의 하나의 신기원이 된 것입니다.

우리 가정은 이때에 꼭 있어야 할 또 한 사람의 웨슬레를 탄생하고 양육하여야 하겠습니다. 다시 한번 성령으로 새로워지는 감리교

Ⅲ. 가정예배 회복을 위한 구체적인 전략

인을 양성하여야 하겠습니다. 보다 많은 그리스도의 위대한 전도의 세력을 형성하여야 하겠습니다.

오늘날 한국 감리교회의 표어가 "새로워지자"입니다. 무엇으로 새로워지는 것일까? 그리스도인의 거룩한 생활을 가능하게 하는 힘이신 성령으로 새로워지자는 것입니다. 누가 새로워질 것인가? 그리스도의 완전에 이르고자 하는 나 자신이 새로워지자는 것입니다. 어디서 새로워지자는 것일까? 예수 그리스도를 주님으로 모신 우리의 가정에서부터 새로워지자는 것입니다. 무엇을 위해 새로워지자는 것일까? 그리스도의 참되고 능력있는 증인이 되고자 새로워지자는 것입니다.

우리는 지금 혁명의 시대에 살고 있습니다. 혁명이란 언제나 하나의 부정을 통한 새 질서를 지향합니다. 그리스도교는 언제나 자체의 부정과 함께 새로운 삶을 강조하여 왔습니다. 그러나 오늘의 우리교회는 자체의 부정도 새로운 주체성의 주장도 결단하지 못하고 있는 것이 사실입니다. 누구든지 나를 따라 오려거든 자기를 버리고 제 십자가를 지고 나를 좇으라는 것이 예수의 요청이요 명령입니다.

너희는 세상의 소금이 되라고 하신 그리스도께서 너희는 또 세상의 빛이 되라고 말씀하셨습니다. 자체의 부정이란 소금이 되는 것을 뜻합니다. 그리스도교라는 자체를 스스로 뚜렷하게 자랑할 때 세상과 교회와의 사이엔 담이 생기고 경계(境界)가 생기는 것입니다. 세상과 더불어 먹고 마시는 인자에겐 세상과 자신과의 사이에 어떤 담이나 선이 있을 수 없었던 것입니다. 우리는 자체를 스스로 산화시켜서 세상 속에 거하는 그리스도인이 되어야겠습니다. 이때 참된 그리스도인의 주체성과 자아가 있는 것입니다. 다시 말하면 세상의 빛이 되는 것입니다. 이 세상 안에서 이 세상을 위해 있는 그리스도인이 되고 그리스도교 가정이 되고 그리스도의 교회가 되는 것입니다.

이 뜻 깊은 계절을 맞이하여 하나님의 사랑과 평강이 언제나 충만하시기를 충심으로 기원합니다.

Ⅳ. 가정예배의 실제

시간에 따라 드리는 가정예배

1. 아침에 기상하여 드리는 새벽 예배

2. 아침 식탁 앞에서 드리는 예배

3. 정오에 드리는 예배

4. 저녁 식사와 더불어 드리는 예배

5. 취침 전 예배

핸드릭스(Howard G Handricks)는 시간에 대하여 "가정예배의 시간은 비공식적이어야 한다."면서 시간을 별로 중시하지 않는 자세를 취했다. 그러나 구약에 번제가 아침과 저녁에 드려야하는 상번제이었던 것처럼 아침과 저녁 두 차례씩 가정예배를 드리는 것이 좋다.

1. 아침에 기상하여 드리는 새벽 예배

가족의 기상 시간에 맞추어 출근이나 등교 시간에 부담이 되지 않도록 10분 정도 가장이 신주가 되어 예배드린다. 가족 구성원의 바쁜 일과 때문에 한 주간 내내 아빠 얼굴을 보기조차 힘든 현대 가정에서 얼굴을 대하여 인사하고 함께 하늘양식인 만나를 먹고 기도함으로써 하루를 시작한다는 점에서 큰 의미가 있다.

IV. 가정예배의 실제

2. 아침 식탁 앞에서 드리는 예배

기상 시간이 서로 맞지 않는 경우에는 아침 식사 시간을 이용하면 된다. 식탁 찬송을 부르고 어린 자녀가 기도하는 것도 좋다. 하나님께 감사하고 부모님께 감사하고 농부와 이웃에게 감사하는 아름다운 내용이 될 것이다.

3. 정오에 드리는 예배

정오에 가정에서 예배드린다면 주부 혼자이거나 어린 자녀, 할아버지 할머니와 함께할 가능성이 크다. 또한 직장이나 학교에서 드리는 예배는 점심 식사 후 신앙의 가족들이 모여 예배하므로 자연스럽게 직장의 연대성을 강화하고 빛과 소금이 되는 삶으로 영혼을 구원하는 화목과 선교 공동체를 이루게 하실 것이다.

4. 저녁 식사와 더불어 드리는 예배

저녁 식사 시간을 서로 맞추는 것이 필요하다. 어머니가 중심이 되어 어린 자녀들과 함께 드릴 수 있을 것이다.

5. 취침 전 예배

하루 시간 중 시간적인 여유가 있는 가정예배가 될 것이다. 아이들과 부모들의 취침시간이 각기 다르지만 그러나 자녀들의 시간에 맞추어 지속적으로 드릴 수 있다.

숨겨진 보화

캐나다에서 목회하는 이수근 목사 가정에서 드리는 가정예배를 소개한다. 초등학교 3학년과 4학년은 두 딸과 네 식구가 함께 드리는 행복한 가정예배다. 그날 가정의 제사장(가정목사)은 네 식구가 돌아가면서 담당한다. 가정예배서인 「하늘양식」(도서출판 kmc)으로 드린 2008년 12월 1일 예배다. 예배인도자는 초등학교 3학년 이지민이다.

12월 1일 월요일, 행복한 우리 가정의 가정예배를 예수님의 이름으로 드리겠습니다.

찬송가 347장(구 382장) 〈허락하신 새 땅에 들어가려면〉 함께 부릅니다.

(한목소리로 찬송 후)

예배를 위하여 언니(이지은)가 기도하겠습니다. 다함께 기도합시다. - 하나님, 오늘 하루도 주님 말씀 따라 살게 하시니 감사합니다. 내일도 공부 열심히 하고 건강하게 해주세요. 우리 가족을 지켜주시고 특별히 할아버지 할머니의 건강을 지켜주세요. 예수님의 이름으로 기도합니다. 아멘.

(기도 후)

성경말씀을 읽겠습니다. 여호수아 14장 6~12절 말씀입니다.

(성경봉독 후)

오늘 말씀의 제목은 '갈렙의 신앙' 입니다. 오늘의 하늘양식을 한 목소리로 읽겠습니다.

(네 식구가 각자 가정예배의 교본인 「하늘양식」 – 도서출판 kmc – 을 가지고 합독한다. 만일 한 권일 경우에는 예배인도자가 목사님이 설교하시듯 또박또박 읽는다.)

"아프리카에서 선교하던 리빙스턴은 '사명이 있는 자는 죽지 않는다.'고 하였습니다. 갈렙은 또한 소명의 사람이었습니다. 본문 말씀에 보면 '오늘도 내가 여전히 강건하니 내 힘이 그 때나 지금이나 같아서 싸움에나 출입에 감당할 수 있으니 그 날에 여호와께서 말씀하신 이 산지를 지금 내게 주소서.'라고 소명의 말을 하였습니다. 우리 같으면 85세에 무엇을 하겠다고 하겠습니까? 스위스의 교육사상가 칼 히티는 '인간 생애에서 최고의 날은 자기의 사명을 깨닫고 사는 날이다.'라고 했습니다. 나에게 이 산지를 달라고 하는 갈렙의 소명을 우리도 가집시다.

밤이 깊을수록 별빛은 유난히 빛나는 것처럼 불성실한 사람들이 많은 세상에서 성실한 신앙인은 별빛같이 빛날 것입니다. 우리도 갈렙처럼 성실한 신앙인이 되어야 합니다. 또한 우리 생명의 주인이 하나님이심을 굳게 믿고 생명이 다하는 그날까지 열심히 일하면서 살아가야 합니다."

아빠가 축도해주시겠습니다.

(예배 후 「하늘양식」에 있는 '존 웨슬리 어록'과 '오늘의 사자성어'를 함께 읽는다.)

숨겨진 보화

매튜 헨리는 아침예배는 특별히 찬양의 시간과, 그날에 필요한 힘 주실 것과, 하루 동안 맡겨진 일들을 감당할 때 하나님께서 축복하여 주시기를 간구하는 시간으로 삼고, 저녁 예배에는 감사와 회개, 그리고 밤중에도 하나님께서 함께하여 주시기를 겸손히 간구하는 기도에 초점을 맞추라고 권하였다. 참된 그리스도인들은 환난을 당하였을 때 자신의 진실한 믿음을 보여주어야 한다. 참으로 절망적인 상황이 왔을 때의 반응이 그의 믿음을 보여 준다.

이 세상의 모든 가정은 언젠가는 초상집이 되기 마련이다. 하나님을 경외하는 복은 그 집에 초상이 났을 때 가장 확실히 드러난다. 그의 침상 곁에 무릎 꿇고서 하나님께 기도한다. 이런 상황에서 은혜의 보좌 앞에 모인 가족의 모습은 매우 숙연하다. 이때 드리는 가정예배에서의 기도와 찬송은 슬픈 일을 당하여 고통 중에 있는 가족의 마음에 그 어떤 것보다 큰 위로가 된다. 기도는 하나님 아버지와 직접 교통하는 통로이다. 재산과 건강과 친구를 잃어버리는 것 외에 참기 어려운 고통스러운 일들이 발생했을 때 하나님께 기도하는 것 말고 달리 의지할 것이 없다. 하나님 앞에 머리 숙인 가족은 친구에게 얘기하지 못한 고민거리와 무거운 짐을 그분에게 내놓는다.(최준혁의 논문 중에서)

감리교의 창시자인 존 웨슬리의 어머니 수산나가 계속해서 가정예배를 인도하고 설교했을 때에 점점 숫자가 불어나 이웃에서 예배에 모인 사람이 200여 명이나 참석하였다. 사실 그 당시에 여자가 예배를 인도하는 것은 교회에서 용납하지 못할 때였다. 후에 존 웨슬리는 감리교 운동에서 여성들을 속회 설교자로 만들어 가정예배를 인도하게 한 것도 모두 어머니 수산나의 가정예배의 영향이었다.

그러나 오늘 한국교회 현실은 어떠한가? 대부분의 가정은 가정예배의 필요성과 중요성을 모르고 있는 실정이다. 오늘날 가정은 그 자체가 살아있는 주님의 몸이고 교회다. 그러므로 가정예배를 사탄이 방해하고 사람이 반대하고 자신의 육체가 반대할 것이다. 그러나 십자가 후에 부활이 있는 것처럼 오늘부터 가정예배를 실천하자. 하면 된다. 해 보자! 주님이 힘 주시고 축복해주실 것이다.

숨겨진 보화

부모님이 은혜 받는 예배

송한미(세신교회 교육간사)

딸 부잣집. 우리 가정을 보고 사람들은 이렇게 부른답니다. 부모님과 딸 셋이 함께 살아가는 가정이거든요. 우리 가족이 모두 함께하는 가정예배의 시작은 제가 어렸을 때, 초등학교 때부터인 듯합니다. 8시 30분까지 등교를 하던 그 시절, 매일아침 7시 30분에 우리 가족 다섯 명이 모두 둘러앉아서 예배를 드리던 그 시간이 아직도 생생하게 기억납니다. 학교에 갈 준비를 하느라 분주하고 정신없는 아침이지만 그 시간만 되면 우리 가족은 하던 것을 모두 멈추고 한자리에 모여 아버지의 찬송소리로 가정예배가 시작됩니다. 사회도 아버지, 말씀도 아버지, 기도는 아버지와 어머니께서 돌아가면서 하시고. 우리 어린 세 딸들은 그냥 앉아서 함께 찬송하고 기도하고 말씀을 듣는 시간이었습니다. 벌써 10여 년전의 일이지만, 지금도 그 시간이 내 머릿속에서 잊히지 않는 이유는 아마도 우리 가족 모두가 가정예배로 함께했던 행복한 기억이었기 때문인 듯합니다.

세 딸들이 성장하게 되고, 학교를 점점 일찍 가기 시작하면서 우리 가족의 매일 아침 가정예배는 불가피하게 사라지게 되었습니다. 대신해서 저녁 가정예배를 드리기 시작했지요. 그런데 예배를 매일 저녁마다 드린다는 것도 사실상 쉽지 않았습니다. 가족들의 시간을 맞추기가 어려웠기 때문입니다. 그래서 최후의 방책으로 일주일에 한 번, 시간을 정해 놓고 가정예배를 드리게 되었습니다. 그리고 그것은 지금까지 이어지고 있습니다. 그런데 어렸을 때 드리던 가정예배와는 조금 달라진 점이 있습니다.

우리 가족이 가장 여유 있게 함께할 수 있는 목요일 저녁, 9시가 되면 각자의 성경책을 가지고 거실 한 가운데에 둘러앉습니다. 그런데 어렸을 적, 아버지의 찬송으로 시작되던 가정예배와는 달리 그 날 사회와 말씀을 담당한 사람의 찬송으로 시작이 됩니다. 바로 이게 어렸을 때의 가정예배와 달라진 점입니다. 그 때에는 우리 세 딸들이 너무 어렸기 때문에 부모님의 사회와 말씀에 의존해 예배를 드렸지만, 지금은 그렇지 않습니다. 이제 스무 살을 훌쩍 넘긴 큰 언니, 언니와 한 살 터울인 둘째 딸(본인), 그리고 갓 스무 살이 된 우리 막내까지. 이제 세 딸들도 어릴 적 부모님께서 가정예배를 인도하시던 모습을 떠올리며 부모님과 함께 예배를 인도합니다.

부모님께만 의존하여 드리던 가정예배가 아닌, 이제 우리가 준비하고 주도하는 가정예배가 되자 우리 세 딸들의 어깨가 무거워졌습니다. 그런데도 감사한 것은, 맡은 이가 미리 함께 부를 찬송과 오늘의 기도자, 짧은 말씀을 준비하여 예배에 임하게 되면 예배의 인도자로서 거룩한 부담감이 생기는 것입니다. 어떻게 하면 이 예배를 더 신령과 진정으로 하나님께 드릴 수 있을까, 어떻게 하면 이 시간에 우리 가족이 더 하나가 될 수 있을까 하는 생각이 자연스레 듭니다. 이번 주 예배 때에는 제가 사회를 보고 말씀을 전했습니다. 예배 준비를 하면서 저는 말씀과 관련된 짧은 영상을 준비해 예배 시간에 보여주었습니다. 함께 말씀을 나누고 영상을 보고나서 각자의 느낀 점과 함께 기도제목을 나누니 그 시간이 얼마나 좋은지…. 그리고 속회예배 때처럼 함께 나누는 간식은 얼마나 꿀맛인지!

물론 우리 세 딸들이 준비하는 예배는 많이 부족합니다. 가끔은 찬송과 기도의 순서가 헷갈리기도 합니다. 절대 길고 장황한 설교가 아닙니다. 그렇지만 각자의 삶에서 하나님께서 베풀어 주신 은혜, 또는 자신이 은혜 받은 말씀을 준비해서 짧게 나누는 그 시간은 은혜롭고 소중합니다.

이렇게 변화된 형식의 가정예배를 드리면서 우리 세 딸들은 아주 큰 은혜를 받습니다. 그런데 예배를 준비하는 세 딸들보다 부모님이 더욱 큰 은혜를 받으시는 듯합니다. 어린 딸들이 벌써 이렇게 커서 예배를 인도하고 말씀을 전한다는 것에 부모님께서는 우리를 대견해 하시고, 매일 하나님께 감사를 드립니다. 우리의 삶에서 나오는 신앙의 고백이 가정예배 시간에 고백될 때에 부모님께서는 눈물을 흘리며 감사 기도를 하십니다.

또한 하나님의 인도하심 하에 기도하며 나아가 말씀을 준비하고 그 말씀을 나눌 때에 하나님께서 우리 가정에 부어주시는 복이 얼마나 큰지 모릅니다. 등록금 때문에 걱정을 하다가도 가정예배를 드리고 나면 우리 마음의 근심과 걱정은 싹 사라집니다. 그와 동시에 하나님께서는 그분의 손길을 통하여 우리의 문제를 해결하여 주심을 많이 경험하였습니다. 그러면서 우리는 함께 기뻐하며 하나님께 영광을 돌립니다. 그 때, 우리 가정은 바로 천국이 됩니다.

하나님께서 함께하시는 가정예배는 우리 가정을 천국으로 인도하는 지름길입니다. 모든 가족이 함께하는 그 시간에 하나님께서는 더 큰 복을 우리 가정에 주십니다. 온 가족이 하나님 앞에 무릎으로 나아가는 가정예배에 여러분을 주님의 이름으로 초대합니다!

가정과 예배

정영관

「기독교세계」 1984년 5월호

1. 가정예배는 왜 드려야 하나

하나님께서 인간에게 주신 선물 중 가장 좋은 것은 가정이다. 아내는 남편에게 주신 선물 중 가장 좋은 선물이고, 아내가 하나님께로부터 받은 그 많은 선물 중 가장 소중한 것은 남편이다. 자식은 하나님께서 그 가정에 주신 가장 좋은 선물이다. 그러므로 가정의 주인은 하나님이시며 이 하나님은 가정에서 마땅히 예배를 받으셔야 하므로 가정의 예배는 그 가정의 어떤 행사나 어떤 일보다 최우선 순위를 차지하는 가정의 의무이다.

2. 가정예배의 유익

가정예배를 통해서 얻는 유익이 여러 가지 많지만 다음의 세 가지에 특별히 강조점을 두고 싶다.

① 신앙 계승 : 하나님께서 이스라엘 백성들에게 명하신 여러 가지 명령 가운데 아버지가 그 아들에게 구전으로 신앙을 전승시켜 주는 것이 가장 중요한 것이었다. 시편 78편에 분명히 이스라엘은 그 조상에게서 전승받은 신앙을 그 자손에게 전승시키도록 명령되어 있다. 부모는 이 가정예배 시간을 통해서 하나님의 말씀과 신앙을 확실하게 전승시킬 수 있다.

② 도덕적 성결 유지 : 가정예배는 부모에게 있어서나 자녀에게 있어서 동일하게 도덕적 성결을 유지하게 하는 중요한 유익이 있다. 동방의 의인 욥은 자식들이 외출에서 돌아오면 꼭 그 자녀들을 성결케 하여 하나님께 번제를 드렸다. 아침에 드리는 예배는 온 가족들에게 강력한 도덕성을 함양해 주고 저녁의 예배는 용서와 성결의 축복을 받게 한다.

③ 일체감 : 현대를 비인간화 시대, 탈연대감(탈일체감)시대라고 한다. 대개 결혼 초기에는 부부만 있거나, 자녀가 아직 어린데다가, 아

직 남편의 사회적 지위나 책임이 그리 크지 않아서, 가정에서 가족끼리 만나는 시간이 많다. 그러나 중년기, 장년기에 접어들면서 남편의 사회적 지위의 향상, 사회적 책임과 임무의 확장, 활동 반경의 확대, 그리고 자녀의 성장과 학교 및 직장생활에 따르는 시간의 제약 등으로 인해 한 가족이 함께 만나는 시간이 하루 중 거의 없게 된다. 이에 따라 가족들의 일체감이나 연대감이 점점 희박해져 가게 된다. 그러기에 가정예배는 현대 가정에서 일체감을 유지케 하는 가장 중요한 유익을 가정에 제공한다.

3. 가정예배의 의식

가정예배에 소요되는 시간이 극히 짧기 때문에 우리 가정예배가 거의 형식화되어 가고 있는 듯하다. 그러므로 다음과 같은 가정예배의 프로그램을 생각해 본다.

① 공동예배 : 우리가 흔히 해오고 있는 묵도, 찬송, 성경일기, 명상, 예배서 낭독, 기도 등으로 끝내는 보통의 공동예배이다. 항상 계속되는 예배 형식이다. 이 예배는 가족들의 방으로 돌아가면서 드리는 것이 이상적이다. 그러나 한 주일에 한 번쯤은 가정 기도실을 마련하고 거기서 예배드리는 것이 좋을 것이다.

② 성만찬 예배 : 한 달에 한 번쯤 가장이 제사장이 되어 성찬병과 포도주를 준비하여 성만찬을 행하여 그리스도의 고난의 의미를 재강조하고 구원의 확신과 영생의 축복을 재확인케 한다.

③ 견신례 : 우리 교회의 전통 가운데서 점점 잃어져 가고 있는데, 원래 견신례는 세례식을 행하고 곧 이어 성유(聖油)를 발라 성별하고 축복하는 예식이다.

그 중요한 의미는 세례의 의미를 확증하는 것으로 감리교회의 입교식이 이에 해당한다. 우리 가정에서 세례의 의미를 강조하고 세례받을 때의 감격을 회상시켜 하나님의 자녀임을 확인하고 하나님의 축복과 은총이 떠나지 않기를 간구하는 심정에서 한 달에 한 번쯤 가정 견신례를 행하는 것은 이상적이다. 이 날은 그 가족 전원의 헌신을 다짐하게 하고 성령의 기름을 바르는 뜻으로 온 가족들이 손을 얹고 가장이 축복의 기도를 드린다.(야곱이 요셉의 두아들의 머리에 좌우 손을 얹고 축복함. 창 48:8~20 참조)

결론적으로 오늘의 시대에서 가정예배의 재강조와 새로운 가정 예배의식은 강한 크리스챤과 강한 크리스천 가정을 형성하는 데 중요한 의미를 갖는다.

V. 가정예배의 중요성

1. 아브라함의 가정처럼 가정예배를 회복하자
2. 하나님이 가장 기뻐하시는 것은 예배다
3. 잃어버린 자식을 찾는 가정예배
4. 거룩이 힘이다. 민족을 살리고 나라를 세우자
5. 가정예배는 전도와 교회 성장의 지름길이다
6. 가정예배는 효자를 낳는다
7. 가정예배는 환난을 대비하는 예방주사다
8. 가정예배는 혈기를 죽이고 천국과 같은 가정을 만든다
9. 가정예배는 종교개혁의 지름길이다
10. 가정예배는 백경천도(白經千禱)의 지름길이다
11. 가정예배는 웰다잉(well dying)의 축복을 받는다
12. 가정예배는 순종의 삶을 살게 한다

1. 아브라함 가정처럼 가정예배를 회복하자

가정예배는 4천 년전 믿음의 조상 아브라함 가정처럼 천하만민을 구원하는 복의 근원이 되는 가정으로 믿음의 가문을 일으킬 것이다. 아브라함은 본토친척 아비 집을 떠나 메시야가 태어날 가나안 땅으로 떠나는 순종을 실천한 믿음의 조상이다. 그는 75세에 믿음 생활을 시작하였고(창 12:1~4), 가는 곳마다 제단을 쌓았다. 곧 가정예배를 드린 것이다. 성경에서 두 종류의 사람을 볼 수 있다. 영에 속한 사람과 육신에 속한 사람이다(고전 3:1~3). 아브라함과 롯, 야곱과 에서, 다윗과 사울에서 보듯이 영에 속한 사람은 언제든지 예배 중심의 사람이다. 그러나 육신에 속한 사람은 제단이나 예배 등 영적인 삶에 대해서는 전혀 무관심하다. 고고학 발굴에 따르면 믿음의 조상 아브라함은 하룻밤을 다녀오는 여행에서도 반드시 제단을 쌓았다고 한다.

이스라엘 성지순례에 가면 텔아비브 대학의 도서관을 방문하는데, 아브라함에게 약속하신 언약의 축복을 확인할 수 있다. 그곳에서는 두 개의 비디오에서 끊임없이 자랑스러운 아브라함 후손들(이스라엘)을 소개하고 있다. 오른쪽 비디오는 문학 예술 사상 과학 경제 정치 분야에서 세계를 빛낸 사람들의 프로필이다. 왼쪽 비디오에는 100년 노벨상 역사의 빛나는 후손들을 소개하고 있다. 세계 인구의 0.3%밖에 되지 않고 땅덩어리라야 비행기 타고 통과하면 2분밖에 걸리지 않는 손바닥만 한 나라에서 어찌 이 놀라운 축복의 역사를 기록할 수 있단 말인가?

그렇다. 하나님이 못 하시는 일이 거짓말이다. 반드시 성경에 약속하신 32,500가지 약속의 말씀을 성취하심으로 천하만민을 구원하심이 하나님의 뜻이다. 그렇다면 이제 가장 기초가 되는 가정예배를 시작하자. 세상에서 출세, 성공하는 롯의 가정이 될 것인가?(창 19) 아니면 마므레 상수리나무 밑에서 가정예배를 드리는 아브라함의 가정이 될 것인가?(창 18) 아브라함처럼 아들 이삭과 사흘 길을 걸어 모리아 제단에 아들을 번제로 드림으로써 여호와이레의 축복을 받고 또 씨로 말미암아 천하 만민이 복을 받는 순종의 가정이 될 것인가?(창 22:1~19) 주사위는 던져졌고, 선택은 나의 몫이다. 영의 가정이 될 것인가? 육신의 가정이 될 것인가? 아브라함의 가정처럼 하나님 중심의 가정이 될 것인가? 롯의 가정처럼 먹고 마시고 장가가고 시집가고 팔고 사고 하는 일만 하다가 불쌍하게 세상 떠나는 가정이 될 것인가?

하나님이 인간에게 주신 본능 중 귀한 본능이 가문의 영광을 세우는 복임을 부인할 수 없다. 하나님께서는 이스라엘 족장 그리고 가족과 계약을 맺으셨다(창 18:19). 이스라엘 족장들은 제사장으로 불렸는데 그들은 가정제사(예배)의 집례자였다. 아브라함은 천막을 치는 곳마다 자기의 믿음을 예배로 나타내기 위하여 제단을 쌓았다(창 12:8, 13:18, 26:5). 칼빈은 아브라함이 방문하는 곳마다 거기서 경배한 것은 자신을 단련시키고, 그 지방 사람들과 어울려서 그들의 의식을 갖지 않으려는 것이며, 자기의 가족에게 엄숙한 경건을 유지하려고 한 것이라고 말한다. 욥은 자녀들의 성결을 위하여 가정에서 번제를 드렸다(욥 1:5). 구약성경에서 가정은 천국의 작은 모형인 동시에 경건훈련의 장이었다. 이삭은 브엘세바에서 아버지 아브라함이 세웠던 제단을 재건하였다(창 26:25). 이삭의 아들 야곱은 그의 할아버지와 아버지의 제단을 세겜과 벧엘에 다시 세웠다. 야곱은 그가 20년 동안 살았던 메소포타미아에 있는 어머니의 고향으로부터 벧엘을 향해 돌아올 때 확신을 가지고 가정예배를 인도하였다.

대를 이어 드리는 예배를 하나님이 응답하시고 복의 근원으로 축복하시는 것이다. 이스라엘의 가장 위대한 힘의 원천은 가족 전체가 하나님께 드리는 예배에 있다. 존경받는 원로목사이며 연세대학교 총장을 역임하신 박대선 목사님의 간증이 지금도 생생하다. 신문기자들이 자녀 축복의 비결이 어디있냐고 질문하였을 때 그는 미소를 지으시면서 대를 이어 드리는 가정예배라는 고백이었다.

2. 하나님이 가장 기뻐하시는 것은 예배다

영원한 하나님의 비전은 영원을 위한 비전이다. 하나님께서는 시간 이전에 이미 존재하셨다. 하나님은 온전히 스스로 자급하시는 분이다. 성부와 성자와 성령 사이의 완전한 교제와 사랑은 전혀 부족함이 없었다. 그런데 불가사의하게도 하나님께서는 자신이 창조한 피조물들에게 사랑을 부어주시고 인간을 하나님의 완전한 교제 안에 포함시키기를 원하셨다(에리히 사우어). 하나님께서는 시간과 온 우주를 창조하셨다. 그리고 하나님께서는 그 우주 안에 하나의 특별한 행성인 지구를 창조하셨다. 이 지구는 2000억 개의 은하계 가운데 중간 정도의 크기를 가진 조그마한 행성에 불과하다. 그 중에서도 많고 많은 사람들 중에 웬 은혜인지 웬 사랑인지 허물과 죄로 죽었던 나를 값없이 구원해주셨다(엡 2:1). 하나님의 계획은 자신을 믿는 사람들이 아들의 영원한 친구가 되고 자신의 왕권과 권위를 소유하는 자가 되게 하는 것이다. 이것이 바로 창조 즉 우주와 역사가 존재하는 목적이었다. 이 목적을 이루어드리는 알파와 오메가는 곧 예배이다.

그러므로 가정예배는 인생의 목적을 이루어드리는 가장 중요한 기초다. 초대교회는 스데반 집사의 순교 이후 300여 년 동안 핍박과 환란 중에서도 토굴과 감옥에서 카타콤의 지하 무덤에서 기쁨으로 예배의 삶을 살았다.

"모이기를 폐하는 어떤 사람들의 습관과 같이 하지 말고 오직 권하여 그 날이 가까움을 볼수록 더욱 그리하자."(히 10:25)

"그들은 믿음으로 나라들을 이기기도 하며 의를 행하기도 하며 약속을 받기도 하며 사자들의 입을 막기도 하며 불의 세력을 멸하기도 하며 칼날을 피하기도 하며 연약한 가운데서 강하게 되기도 하며 전쟁에 용감하게 되어 이방 사람들의 진을 물리치기도 하며 여자들은 자기의 죽은 자들을 부활로 받아들이기도 하며 또 어떤 이들은 더 좋은 부활을 얻고자 하여 심한 고문을 받되 구차히 풀려나가기를 원하지 아니하였으며 또 어떤 이들은 조롱과 채찍질뿐 아니라 결박과 옥에 갇히는 시련도 받았으며 돌로 치는 것과 톱으로 켜는 것과 시험과 칼로 죽임을 당하고 양과 염소의 가죽을 입고 유리하여 궁핍과 환난과 학대를 받았으니(이런 사람은 세상이 감당하지 못하느니라) 그들이 광야와 산과 동굴과 토굴에 유리하였느니라 이 사람들은 다 믿음으로 말미암아 증거를 받았으나 약속된 것을 받지 못하였으니 이는 하나님이 우리를 위하여 더 좋은 것을 예비하셨은즉 우리가 아니면 그들로 온전함을 이루지 못하게 하려 하심이라."(히 11:33~40)

예배(worship)의 뜻은 앵글로색슨어의 워스사이프(weorthscipe)에서 유래한 말로 가치를 의미하는 워스(worth)와 신분을 의미하는 접미어 십(ship)으로 이루어진 복합명사이다. 존경과 존귀를 받을 가치가 있는 존재, 이 말이 다시 워십(worship) – 그 뜻은 가치를 돌린다(to ascribe worth) - 이다. 이 세상에서 최고의 가치를 돌려드릴 만한 분은 오직 하나님 한 분이시다.

"여호와께 그의 이름에 합당한 영광을 돌리며 거룩한 옷을 입고 여호와께 예배할지어다."(시 29:2)

3. 잃어버린 자식을 찾는 가정예배

죄를 짓게 하는 마귀로 인하여 처음 사람 아담과 하와의 가정은 에덴동산에서 쫓겨나는 비극의 주인공이 되었다. 결국 성경이 증언하는 대로 가인의 제사를 통하여 가정이 파괴되고, 살인죄를 짓고, 슬퍼하고 눈물짓는 자녀를 빼앗기는 비극의 가정이 되고 말았다. 오늘 우리나라의 현실은 어떠한가? 심리학자들에 말에 의하면 1~3세 이전에 이미 인격의 50%가 형성되며 70%는 5세 이전에 형성된다고 한다. 그 다음은 어디 갖다놓아도 좋다고 하였다. 애들러(Adler)에 따르면 5세까지 생활양식이 마무리 지어지며 이때부터는 일생 동안 일관성을 띤다고 하였다. 그 유명한 페스탈로치 같은 사람은 어린 아이를 6세까지만 자기에게 맡겨 달라고 하였다.

그러나 우리나라는 짧은 시간에 경제는 성장하고 부요해졌지만 변화되는 경쟁사회 속에서 오직 출세, 성공주의에 함몰되어 좋은 대학교에 들어가는 것이 인생의 목적이 되었다. 믿는 가정이나 믿지 않는 가정이나 입시전쟁 속에서 헤어나지 못하는 안타까운 현실이다. 태산처럼 밀려오는 자녀 교육비 때문에 OECD국가 중에 자녀 출산율은 꼴찌고, 이혼율은 1위이니 하나님이 원하시고 쓰실 만한 자녀를 희망할 수 없는 시대가 되고 말았다. 작은 도시 국가인 싱가포르에만 기러기 가정이 3만 명이 가 있다 하니 육신적인 자녀교육의 열성은 세계 최고다. 희생하는 부모의 한 번밖에 없는 삶을 누가 보상할 것인가? 인생의 석양에 한숨 쉬고 눈물로 후회한들 무슨 소용이 있단 말인가? 결국은 부모는 자녀에게 자녀는 부모에게 서로 상처를 주고 결국은 후회만 남게 될 것이다.

이제 교회가 정신을 차릴 때다. 가정은 최고의 교육기관이고 가장 영향력 있는 교육기관이다. 부모는 최고의 교사이고 목회자이다. 종교개혁자 루터는 "부모는 하나님이 세우신 가정의 목회자이고, 가정은 작은 교회"라고 하였다. 자녀는 부모의 희망이고, 교회의 미래이고, 민족과 나라의 기둥이고, 세계와 만민과 열방을 구원해야 할 선교의 보금자리다. 이제라도 늦지 않으니 시작해야 한다. 하나님께 예배하는 한 가정은 모든 것을 아름답게 변화시킬 수 있는 힘을 가지고 있다.

모든 신앙은 가정에서 출발한다. 루터는 "가정은 그리스도인의 인격을 훈련시키기 위하여 하나님께서 규정해 놓으신 곳"이라고 말하면서 가정의 중요성을 강조하였다. 어린이들은 태어나면서부터 11세까지 가정에서 거의 95%의 시간을 보내고, 교회를 다니는 아이일 경우 0.5%의 시간을 교회에서 보내고 5%의 시간을 학교에서 보낸다고 한다.

유대인들의 쉐마 교육도 사실은 가정에서이다(신 6:4~9). 어릴 때 영적 훈련이 일생을 좌우한다. 실례로, 미국 뉴욕 주의 대법원 법관이었던 루이스 엘파우셋은 12년간 재임 중 4천 명이 넘는 소년 소녀 범죄자를 만났는데, 믿음의 가정에서 자라고 교회(주일)학교에 다녔던 이는 불과 3명밖에 없었다고 한다. 또 샌프란시스코 경찰 서장이었던 던컨 마테손도 그가 만난 많은 소년 중 신앙교육을 받은 사람은 한 사람밖에 없었다고 한다. 미국 소년 소녀 범죄자 중 90%는 가정과 교회에서 신앙교육을 받지 않은 청소년들이라고 하면서 "만일 우리 청소년들을 주일학교에 잘 나오게 한다면 모든 교회는 차고 넘치겠지만 감방은 비게 될 것이다."라고 하였다.

쉐마교육원 원장인 현용수 박사는 2008년 11월 19~21일 미국 로드아일랜드 주 프로비던스웨스턴 호텔 컨벤션에서 개최한 미국 제60주년 복음주의 신학학회에서 논문 "구약의 지상명령의 구속사에서의 위치"를 발표했다. 현 박사는 신약시대에 기독교가 2천 년간 다른 민족에게 복음을 전하는 세계 선교에는 성공했는데 어느 국가든 자손 대대로 말씀을 자손들에게 전수하는 데에는 실패했다고 말했다. 그 이유는 구약의 지상명령을 잃어버렸기 때문이라고 주장했다. 따라서 현 박사는 "한국교회가 살기 위해서는 신약의 지상명령과 구약의 지상명령이 균형과 조화를 이루어야 한다."고 주장했다. 또 구약에도 지상명령(창 18:19; 신 6:4~9)이 있음을 세계 최초로 발견하고 지난 2006년 「잃어버린 지상명령 쉐마(쉐마, 전 2권)」를 출간했는데 그것이 바로 가정에서 부모가 자녀를 말씀 맡은 자(롬 3:2)로 양육하는 '쉐마'이다. 구약의 지상명령인 쉐마가 가정에서 대를 이어 말씀을 전하는 수직 전도인 반면 신약의 지상명령인 세계 선교는 수평 전도이며 구약의 지상명령과 대칭관계라는 것이다. 구약의 지상명령의 시작이 아브라함의 가정사역(창 18:19)이라면 신약의 지상명령의 시작은 사도행전 2장 성령강림 이후 교회사역이다. 따라서 "쉐마가 가정사역이라면 세계선교는 교회사역"이라고 주장했다.

석유 한 방울 나지 않는 나라, 지난 5천년 역사상 길가 질경이처럼 셀 수 없는 전쟁과 가난과 질병 속에서 연단과 훈련을 받은 나라, 전 세계 2만 4천 종족 중 동족끼리 총부리를 겨누며 싸우는 오직 한 나라가 우리 조국 대한민국이다. 그럼에도 불구하고 하나님은 특별히 사랑하셔서 경제를 부흥하게 하시고 짧은 선교 역사 속에 최고의 교회 부흥을 허락하고 전 세계 2만 명 선교사 시대를 열어 주셨다. 이제 21세기 대한민국의 희망은 교회에 있다. 교회는 하나님의 사람을 키우는 보금자리요, 학교요, 훈련소이고, 못자리다. 이 책임을 교회가 감당하기 위하여 무엇을 먼저 시작하고 어디에 중점을 두어야 하는가? 조금만 기도하고 생각하면 정답이 보인다.

한 남자와 한 여자가 한 몸을 이루는 첫 날부터 가정예배를 시작하는 것이다. 복중의 태어날 자녀를 위하여 기도하고, 임신한 후에는 가정예배를 드리며 아빠 엄마가 함께 손을 얹고 안수기도를 하고, 자녀가 태어나면 첫날부터 가정예배를 함께 드리는 것이다. 세 살

109

버릇 여든 간다고 가정예배 속에서 부모의 사랑을 받으며 하나님의 축복을 받는 자녀는 반드시 별처럼 빛나는 위대한 하나님의 사람으로 쓰임 받을 것이다. 대개의 사람들은 사소한 일에 목숨을 건다. 그러나 가정예배는 결코 사소한 일이 아니다. 사소한 일처럼 보일지라도 가장 중요한 사역이다. 별처럼 빛나는 자녀의 축복으로 천대까지 약속의 축복을 받고 온 세상에 축복을 나눠주는 자녀 축복의 주인공이 되기를 원한다면, 오늘 당장 가정예배를 시작해야 한다.

"이스라엘아 들으라. 우리 하나님 여호와는 오직 유일한 여호와이시니 너는 마음을 다하고 뜻을 다하고 힘을 다하여 네 하나님 여호와를 사랑하라. 오늘 내가 네게 명하는 이 말씀을 너는 마음에 새기고 네 자녀에게 부지런히 가르치며 집에 앉았을 때에든지 길을 갈 때에든지 누워 있을 때에든지 일어날 때에든지 이 말씀을 강론할 것이며 너는 또 그것을 네 손목에 매어 기호를 삼으며 네 미간에 붙여 표로 삼고 또 네 집 문설주와 바깥 문에 기록할지니라."(신 6:4~9)

"예수는 지혜와 키가 자라가며 하나님과 사람에게 더욱 사랑스러워 가시더라."(눅 2:52)

4. 거룩이 힘이다. 민족을 살리고 나라를 세우자

큰일 났다. 선교 100년 역사에 세계에서 제일 큰 교회가 서울에 있고, 제일 큰 장로교회가 서울에 있고, 제일 큰 감리교회가 서울에 있고, 제일 큰 성결교회가 서울에 있고, 제일 큰 구세군교회가 서울에 있고, 예배당 종탑에서 붉게 빛나는 십자가가 1만 개가 넘는 서울특별시이고, 비무장지대에서 마라도까지, 소흑산도에서 울릉도까지 면면촌촌 섬마을까지 촘촘히도 주님의 몸인 교회는 세워지고, 그렇게도 많은 복을 받아 1천만 성도를 자랑하는 6만 한국교회인데 웬일인가? 어찌해야 할까?

2008년 10월 23~27일 20세 이상 전국 성인남녀 천 명을 대상으로 한 조사에서 한국교회 신뢰도는 18.4%이다(기독교윤리실천운동본부, 글로벌 리서치). 가톨릭 36%며 불교는 32%라고 조사되었다. 지난 2007년 평양대부흥 100주년을 맞아 21세기 한국교회 부흥을 위해서는 교회 체질을 개선하고 사회를 향한 문을 열어야 한다는 말이 나왔지만 2년이 지난 지금 또다시 한국교회 신뢰도는 20% 밑이라는 보도만 되풀이되고 말았다. 이제 한국교회는 불신자를 전도하기 전에 안티신자를 어떻게 해야 할 것인지가 기도제목이 되었다. 교회 밖에 불신자가 문제가 아니라 교회 안에 반(Anti)신자가 더 문제가 되고 있다.

예수님의 모형인 다윗은 지금도 이스라엘 백성의 희망이 되고 있다. 이스라엘의 국기는 다윗의 별이다. 그의 고백이 하나님의 말씀이고, 우리의 고백이 되어야 한다.

"여호와여 주의 장막에 머무를 자 누구오며 주의 성산에 사는 자 누구오니까 정직하게 행하며 공의를 실천하며 그의 마음에 진실을 말하며 그의 혀로 남을 허물하지 아니하고 그의 이웃에게 악을 행하지 아니하며 그의 이웃을 비방하지 아니하며 그의 눈은 망령된 자를 멸시하며 여호와를 두려워하는 자들을 존대하며 그의 마음에 서원한 것은 해로울지라도 변하지 아니하며 이자를 받으려고 돈을 꾸어 주지 아니하며 뇌물을 받고 무죄한 자를 해하지 아니하는 자이니 이런 일을 행하는 자는 영원히 흔들리지 아니하리이다."(시 15편)

그 옛날 어린 시절 교회학교에서 배운 금주가(禁酒歌)가 「한국감리교회의 역사(도서출판 kmc)」에 나온 것을 보고 얼마나 감격하고 기뻐했는지 모른다.

1. 금수강산 내 동포여 술을 입에 대지 마라 건강 지력 손상하니 천치될까 늘 두렵다
   아 마시지 마라 그 술 아 보지도 마라 그 술 우리나라 복 받기는 금주함에 있느니라
2. 패가망신할 독주는 빚을 내서 마시면서 자녀교육 위하여는 일전 한푼 안 쓰려네
   아 마시지 마라 그 술 아 보지도 마라 그 술 우리나라 복 받기는 금주함에 있느니라

가슴 아픈 일이다. 찬송가에서 금주가를 누가 삭제하였을까? 우리나라를 술 공화국이라고 하지 않는가? 교회 안에서도 얼마나 많은 사람들이 술 취하여 있는가? 어떻게 술 취한 세상을 향하여 떳떳

숨겨진 보화

하게 고개를 들고 전도할 수 있을까? 담배는 어떠한가? 담배 한 대 피우고, 양치질하고, 담배 피우는 일을 속일 수 있단 말인가? 담배 피우지 않는 사람은 담배 한 대 피우고 양치질을 열 번 할지라도 곧바로 안다. 양심을 속인다면 어떻게 떳떳한 그리스도인이라 말할 수 있을까? 음란죄는 어떠한가? 모든 죄는 몸 밖에 있지만 음란죄는 몸 안에 있다고 말씀하셨다. 그 옛날 어린 시절 남녀칠세부동석은 전설이 되고 말았다. 세계 최고의 이혼율에다가 생명을 죽이는 낙태율. 전국 방방곡곡에 세워진 모텔이나 호텔은 음란죄의 온상이 되고 말았다. 집 없는 사람이 그렇게도 많다는 말인가? 사행심을 유발하는 바다이야기 등 도박 역시 세계 제일의 천국이 되었다. 세계 어디를 가나 한국인이 모인 곳에는 도박이다.

믿지 않는 세상 사람들의 이야기라면 얼마나 좋을까? 각 교회마다 각 교단마다 섬김의 우두머리를 뽑는 선거 양태는 어떠한가? 누가 누구에게 돌을 던질 것인가? 그 모습이 우리 모두의 모습이고, 내 모습인 것을. 너도 나도 두 손에 돌멩이를 들고 종교개혁을 외치지만 정작 내 모습을 보면 옛날 속담이 생각나게 하지 않는가? 똥 묻은 개가 겨 묻은 개를 탓하고 있다. 어디에서 시작해야 한국교회가 빛과 소금의 역할을 다할 수 있을까?

오늘의 시대는 노아 홍수의 시대와 같다. "사람이 땅 위에 번성하기 시작할 때에 그들에게서 딸들이 나니(창 6:1)" 사람은 참으로 이상한 동물이다. 번성하면 죄를 짓고 편안하면 바벨탑을 쌓게 되니 기가 막힌 것이 인생이다. 그러나 돌을 던지거나 포기하거나 낙심할 일이 아니다. 노아의 가정처럼 여호와께 은혜를 입어야 한다. 땅이 폐괴하고 땅에서 모든 혈육 있는 자의 행위가 폐괴하고 강포가 땅에 가득하므로 여호와의 심판이 임할지라도 노아의 가정이 되어 방주를 지어야 한다. 그리고 방주를 채워야 한다. 그리고 방주를 나와 세상을 구원하는 선교사가 되어야 한다. 비결은 단 한 가지다.

창세기 6장 9~10절 말씀이다. "이것이 노아의 족보니라. 노아는 의인이요 당세에 완전한 자라. 그는 하나님과 동행하였으며 세 아들을 낳았으니 셈과 함과 야벳이라." 배를 의미하는 선(船) 자를 묵상해 본다. 한자는 참으로 의미가 깊다. 배 주(舟) 자에 여덟 팔(八)자에 입 구(口) 자를 합치면 배 선(船) 자다. 기가 막히다. 노아의 여덟 식구를 의미하지 않는가? 햇빛은 쨍쨍, 모래알은 반짝. 맑은 하늘에 그것도 산 위에다 100년 넘게 배를 짓고 있는 노아의 가정. 그리고 수많은 생물들과 함께하는 숨 막히는 방주 안에서 무슨 힘으로 살 수 있었을까? 한 마디로 말한다면 가정예배다. 노아가 방주에 나와서 처음 한 일이 무엇일까? 창세기 8장 20~22절에 나오는 축복의 말씀이 해답이다.

"노아가 여호와께 제단을 쌓고 모든 정결한 짐승과 모든 정결한 새 중에서 취하여 번제로 제단에 드렸더니 여호와께서 그 향기를 받으시고 그 중심에 이르시되 내가 다시는 사람으로 말미암아 땅을 저주하지 아니하리니 이는 사람의 마음이 계획하는 바가 어려서부터

악함이라. 내가 전에 행한 것 같이 모든 생물을 다시 멸하지 아니하리니 땅이 있을 동안에는 심음과 거둠과 추위와 더위와 여름과 겨울과 낮과 밤이 쉬지 아니하리라."

대부분의 사람들은 가정에서 이루어지는 경건훈련이나 가정예배의 중요성에 대하여 알고 있다. 그러나 가족들이 하나님과 함께 시간을 보내기 위하여 모이는 것은 더더욱 어려운 일이 되어가고 있다. 가정예배는 인생의 중요한 목적이다. 가정예배는 인생 최고의 축제다. 가정예배는 거룩한 삶을 살게 하는 못자리고, 발전소이고, 훈련소이고, 엄마의 자궁이다.

이제 결단해야 한다. 눈에 넣어도 아프지 아니하는 내 생명보다 더 중요한 또 다른 생명인 자녀, 여호와의 주신 기업이요, 태의 열매인 자녀를 마귀에게 세상에게 죄에게 빼앗길 것인가? 아니면 전통에 가득한 화살(시 127:5)처럼 거룩한 하나님의 사람으로 쓰임 받게 할 것인가?

"가정예배를 통해 안방에서 하나님의 사람을 키워야 하겠다. 가정예배는 경건의 도구이다."(스펄전)

5. 가정예배는 전도와 교회 성장의 지름길이다

힘써도 안 되고 울어도 안 되고 믿어도 안 되는 것이 교회 성장이다. 세계 선교 역사상 짧은 기간에 비교할 수 없는 교회 성장을 가져온 한국교회이고, 천만 성도와 6만 교회라고 자랑하고 있지만 속을 들여다보면 답답하고 안타까운 일이 너무나 많다. 한 교단의 예를 들면 신학대학원에서 쏟아지는 목회자 후보생들이 500명이나 되지만 그들이 섬겨야 할 교회는 겨우 100교회뿐이다. 정년을 채우고 은퇴하시는 목회자의 교회가 1년에 100여 교회뿐이기 때문이다. 이런 형편은 한국교회 모든 교파의 공통적인 현실일 것이다. 불타는 사명감으로 교회를 개척한다 하여도 엄청난 재정이 필요할 뿐 아니라(예배당과 사택 등) 전도가 되지 않으니 5년 10년이 되어도 개척교회일 뿐이다. 그러다보니 6만 한국교회 50%의 목회자들은 최저생활비에도 못 미치는 사례금을 받으며 고생하지만 교회 성장에 대한 비전이 없으니 더더욱 힘들고 어려운 나날을 보낼 수밖에 없다.

교회는 주님의 몸이다. 살아계신 주님의 몸이기 때문에 반드시 성장해야 하고, 성장할 수 있다. 이 세상에 건물은 황금으로 세웠지만 교회는 예수님의 피로 세운 것이다. 그러므로 예수님의 피는 능력이 있다. 마귀를 결박하고 죄를 용서하며 생명을 살리는 능력이다. 그럼에도 불구하고 오늘 한국교회는 교회 성장에 비전을 잃고 있다. 사명자들은 세상 부귀와 영화를 포기하고 예수님처럼 교회를 섬기면서 생명을 구원하는 왕과 선지자와 제사장에 꿈을 안고 신학교에 입학한 것이다. 졸업예배 때나 목사 안수식 때 한없이 눈물을 흘린다. "부름 받아 나선 이 몸 어디든지 가오리다. 괴로우나 즐거우나 주만 따라 가오리니 어느 누가 막으리까. 죽음인들 막으리까. 어느 누가 막으리까. 죽음인들 막으리까."

그렇다. 목사가 직업이라면 성직(聖職)이다. 세상에서 밥을 굶고 금식하면서 하는 일이 어디 있을까? 세상에서 잠자지 않으면서 일하는 직업이 어디 있을까? 세상에서 울면서 일하는 직업이 어디 있을까? 예수님이 하시는 일을 사람이 해야 하니 주님의 은혜가 아니면 쓰러지고 넘어질 수밖에 없다. 좁은 문 좁은 길을 걸어가는 성직자의 길은 주님이 가신 길이기 때문에 반드시 승리할 수밖에 없다.

그러나 현실은 암담하기만 한다. 우리가 아는 대로 교회 성장에는 생물학적 성장, 그리고 이동 성장과 전도함으로 교회가 차고 넘치는 영적인 부흥 성장이 있다. 그러나 오늘의 형편은 어떠한가? 인간은 배부르고 등 따뜻하고, 건강하면 하나님을 찾지 않는다. 20~30년 전만 해도 가난했다. 병들면 죽는 것이었다. 그때는 전도가 너무나 쉽게 되었다. "천부여 의지 없어서 손들고 옵니다. 주 나를 외면하시면 나 어디 가리까." "인애하신 구세주여 내가 비오니 죄인 오라 하실 때에 날 부르소서." "고통의 멍에 벗으려고 예수께로 나갑니다." 교회가 차고 넘쳤다. 그러나 국민소득 2만불 시대가 되니 병들면 의료보험 카드를 들고 병원에 가면 된다. 예수 믿으면 복 받는다고 하여 교회 나왔는데 복을 받았다. 그러나 그 복은 그림자와 같은 오복(五福)이다. 오복의 한국교회는 오복에서 팔복(八福)으로 바뀌어야 한다. 팔복 중에 최고의 복은 전도자의 복이다. 팔복을 받은 전도자가 빛과 소금이 되는 것이다. 빛과 소금이 무엇인가? 마태복음 5장 16절 말씀이 해답이다. "이같이 너희 빛이 사람 앞에 비치게 하여 그들로 너희 착한 행실을 보고 하늘에 계신 너희 아버지께 영광을 돌리게 하라."

그렇다. 전도의 눈을 뜬 사명자들은 반드시 가정에서나 직장에서나 군대에서나 어디서든지 착한 행실을 가지고 거룩한 산 제물로 영적 예배(롬 12:1~2)를 드려야 한다. 그러므로 로또복권 당첨처럼 하루아침에 전도가 되고 교회 부흥이 되는 것이 아니다. 물론 지혜로운 머리를 가지고 사업을 시작하여 일으키는 것처럼 비즈니스적인 교회 성장이 가능할지는 모른다. 그러나 엄밀한 의미에서 교회 성장이나 부흥은 아니다. 교회 성장이 아니라 교회가 살이 쪄서 비대해지는 것이다. 결국 결과는 불을 보듯이 예측할 수 있다.

교회 부흥은 하나님이 주시는 영적인 선물이다. 교회 부흥에는 반드시 변화가 따르기 마련이다. 고고학자들의 연구에 의하면 아주 먼 옛날 500여 종류의 공룡이 있었다고 한다. 상상할 수 없는 크기의 공룡은 지구상에서 흔적을 남기고 사라지고 말았다. 그러나 아주 작은 개미는 어떠한가? 지구상에 있는 모든 개미의 무게를 합하면 지구상에 살고 있는 60억 사람의 무게와 같다고 한다.

그렇다. 한국교회는 이제 하나님이 주시는 부흥을 기도하고 부흥을 위해 회개(변화)의 은혜를 받아야 한다. 이를 위하여 어느 교회나 누구든지 아주 쉽게 결단만 하고 시작하면 반드시 꿈을 이룰 수 있는 지름길이 있다. 그것이 가정예배의 회복이다.

가정에서 진심으로 하나님께 예배하는 가정예배를 회복하면 섬

숨겨진 보화

기는 교회에서의 예배는 자연히 회복된다. 가정과 사회에서 전인격적으로 하나님을 예배하는 삶을 살면서 바른 신앙의 자리에 서서 세속에 물들지 않고 하나님을 바르게 섬기는 신자들은 교회에서도 자신이 맡은 사명을 충성스럽게 감당한다. 이러한 일꾼은 가정에서 길러진다. 어려서부터 하나님을 섬기는 일을 경건한 부모에게 배우므로 경건한 삶이 기본이 된다. 교회에는 말씀 안에서 자라난 일꾼이 필요하다.

진 게츠(Gene Getz)는 성숙한 신자가 되기 위해서는 훌륭한 가정생활을 발전시켜야 한다고 했다. 훌륭한 가정생활의 원리에 있어서 남편과 아내는 교회가 그리스도와의 관계 속에서 성장하듯이 서로의 관계 속에서 성장해야 하며(엡 5:24~33), 아버지와 어머니는 주의 교양과 훈계로써 그들의 자녀를 양육해야 한다고 했다(엡 6:1~4). 가족단위는 성경의 중심을 차지한다. 가족단위는 교회보다 먼저 존재했고, 구약성경 전체를 통하여서도 기본적인 단위가 되었다. 신약시대에도 마찬가지다.

바울 사도는 믿음의 아들이요 후계자인 디모데에게 목회의 비밀을 전해준다. 디모데전서 3장 1~13절에서 감독의 자격과 집사의 자격에 대해서 공통적으로 가정의 중요성을 말한다. 감독은 자기 집을 잘 다스려 자녀들로 모든 공손함으로 복종하는 자라야 할지며(사람이 자기 집을 다스릴 줄 알지 못하면 어찌 하나님의 교회를 돌보리요.(딤전 3:5)) 집사들은 한 아내의 남편이 되어 자녀와 자기 집을 잘 다스리는 자일지

119

니 집사의 직분을 잘한 자들은 아름다운 지위와 그리스도 예수 안에 있는 믿음에 큰 담력을 얻는다고 하였다. 디모데가 바울 사도의 믿음의 아들이 된 근본적인 원인을 디모데후서 1장 3~5절에서 찾을 수 있다. "내가 밤낮 간구하는 가운데 쉬지 않고 너를 생각하여 청결한 양심으로 조상적부터 섬겨 오는 하나님께 감사하고 네 눈물을 생각하여 너 보기를 원함은 내 기쁨이 가득하게 하려 함이니 이는 네 속에 거짓이 없는 믿음이 있음을 생각함이라. 이 믿음은 먼저 네 외조모 로이스와 네 어머니 유니게 속에 있더니 네 속에도 있는 줄을 확신하노라."

신약성경에서 가정예배를 통한 교회의 부흥의 완벽한 예는 사도행전 10장에 나오는 로마군대의 백부장 고넬료 가정일 것이다. 직업은 비록 사악한 로마군대의 백부장이었지만 그의 가정은 일찍부터 온 집으로 더불어 하나님을 경외하였다. 하나님의 시간표에 따라 사도 베드로를 초청하고 가정예배를 통하여 온 가족이 예수를 믿고 성령을 체험하고 결국은 베드로를 세계 선교에 눈뜨게 하는 엄청난 역사의 전환점이 되게 하였다. 가정예배를 통한 교회 부흥은 반드시 이루어질 수밖에 없는 하나님의 방법이고 전략이다.

김관호 목사는 박사 논문에서 가정예배를 드리는 그룹과 드리지 않는 두 그룹의 연구결과를 내놓았다. 교회 새벽기도 참석률은 전자 그룹이 56.1%고 후자 그룹이 45.5%다. 남성의 참석률은 57.4% : 10.5%, 공중 예배 참여도는 92.9% : 77.2%이고, 교회 행사 참여도는 즐거운 마음으로 일하는 만족도가 64.1% : 44.9%, 자녀들의 예배와 교회 활동에 대한 참여도는 71.1% : 46.9%, 남녀 선교회 참여도 62.3% : 49.7%, 지역사회 봉사에 대한 참여도는 72.2% : 37.2%, 전도 활동과 헌신에 대한 참여도는 48.0% : 41.2%, 헌금(십일조) 참여도는 60.9% : 32.4%로 차이가 났다.

나의 간증이다. 6·25 전쟁으로 아버지를 여의고 전라도 산골 외가로 이사할 수밖에 없었다. 어머니는 초등학교만 졸업하시고 자녀들을 의지하며 가난하게 사는 불쌍한 삶이었지만 매일 저녁이면 자녀들을 앉혀놓고 가정예배를 드리셨다. 예배 후에는 내 머리에 손을 얹고 안수기도를 해주시는 것이었다. "우리 아들, 하나님의 빼어난 그릇으로 축복해 주시옵소서." 어머님의 눈물어린 기도가 결국은 아들을 목사로 만들고 부흥사로 만들고 선교사로 만들고 지도자로 세워주셨다. 나는 개척교회 목회 시에도 선교사의 삶 속에서도 늘 그 옛날 어린 시절 깊은 뜻도 모르고 불렀던 "저 목자여" 노래가 눈물 기도가 되게 하고 힘을 얻게 하는 원동력이 되고 있다.

1. 저 목자여 깊은 잠을 깨어 일어나 밤은 벌써 사라지고 먼동이 터온다
   희미하던 지평선도 완연해오니 목자들아 양을 몰아 가야 하리라
2. 금빛 같은 새벽놀이 비친 저 언덕 신기하게 이슬 맺힌 푸른 저 초원

신선하고 거룩하다 내 목장이니 목자들아 양을 몰아 그리로 가자

3. 비탈길을 싸고 돌제 다리 아프고 산마루를 올라갈제 숨이 막혀도 주린 양떼 생각하여 참고 갈지니 양을 치는 참 목자의 장한 뜻 이리

새로운 목회의 패러다임을 소개한 오제은 교수는 자신의 논문에서 북미에서 1950년대를 전후하여 시작된 가정의 몰락은 목회에 위기를 불러왔다고 하였다. 이에 대한 목회적 대처방안으로서 교인 한 사람에게만 초점을 두었던 '개인 중심적 인간 이해'로부터 교인이 속한 가정과 가족으로서의 교회에 초점을 맞추는 '가족 중심적 인간 이해'로의 인식론적 전환이 있었다. 이는 북미 목회 패러다임에 커다란 반응을 불러 일으켰다고 하며 목회자 자신의 가정 생활의 경험이 목회에 미치는 영향이 지대함을 다음과 같이 설명했다.

"새 시대의 목회는 목회자 자신이 자기 가족도 제대로 돌보지 않은 채 그 배우자와 자녀들을 희생시켜야만 했던 과거의 '희생양의 논리'를 진지하게 재고하면서, 철저히 가족 중심적 목회여야만 이 사회가 요구하는 목회가 될 것이라고 하였다. … 그러므로 목회자 자신이 고난과 치유의 과정, 자신의 가족적 경험이 목회현장에서 성도들의 치유와 관련하여 어떻게 상호연관 되는지를 올바로 인식할 수 있어야만 한다. 또한 목회자 자신의 신체적, 심리적, 영적, 그리고

경제적, 인간관계 등의 전인적이고 종합적인 돌봄의 중요성을 확실히 인식해야 함과 동시에, 목회자 자신의 부부관계의 행복의 정도, 그리고 부모와 자녀에 대한 배려와 돌봄 등 '목회자의 가족적 치유의 정도와 깊이'가 곧 목회 사역의 목표와 성공의 우선순위로 고려되어져야만 한다. 목회자와 목회자의 가정이 튼튼하게 서고, 그것이 기초가 될 때에만 목회도 진정한 의미가 있으며 성도들의 가정과 교회도 튼튼히 설 수 있다."

가정은 목사가 목회하는 데 새 힘을 실어준다. 성도들이 목사를 위해 기도하면 그 유익은 성도 자신에게 돌아간다는 사실을 확인한다(Alexander). 환난을 만난 목사는 성도들의 기도에 힘입어 더욱 자신의 의무에 충성하게 되며 교역자의 사역을 위해 열심히 기도하는 가정들과 그 가정에서 드리는 가정예배에 관심을 가지게 된다. 이렇게 가정과 교회가 함께 부흥하며 성장을 경험한다. 교회가 출범한 초기 200년 동안 교회 생활은 가정 중심의 활동이었다. 2세기 말엽까지는 크리스천의 예배를 위해 건축된 어떤 교회 건물도 없었다. 가정이 말씀의 선포를 위한 장소로 사용되었을 뿐만 아니라, 크리스천 소그룹들의 정규적인 모임의 장소로도 사용하였다.(최준혁의 논문 중에서)

하워드 헨드릭스 박사(Dr. Howard Hendricks)가 예로 든 영국의 위대한 성공가 리처드 백스터(Richard Baxter)에 관한 이야기다. 그는 부유하고 유력하며 교양이 있는 교인들로 가득한 명망 있는 교회의 목회 자직을 받아들이고 3년 동안 영혼을 쏟아가며 온갖 정열을 다해서 최고의 설교를 했다. 그러나 이러한 노력은 별로 성공을 거두지 못 했지만 백스터가 서재 바닥에 엎드려서 자기 영혼을 위해 기도할 때 하나님으로부터 이런 음성을 들었다고 한다. "백스터 너는 잘못된 곳에서 일을 하고 있구나. 너는 교회를 통해서 부흥이 일어나기를 기대하고 있으나 오히려 가정에서 이 일을 시도해 봐라." 이후로 리 처드 백스터는 자기 시간을 조절해서 함께 하나님과 교제하도록 도 와주었다. 이때 성령께서 사람들의 마음과 생활을 변화시키기 시작 하셨고 그 뒤 달이 가고 해가 가는 동안 회중은 하나님의 능력으로 불이 붙었다.

그렇다. 교회 부흥과 성장에 있어서 가정예배는 든든한 기초가 되 고 기둥이 되고 대들보가 되는 것이다. 이제 교회마다 가정예배의 횃불을 밝혀야 하겠다.

6. 가정예배는 효자를 낳는다

잘 아는 대로 우리나라는 동방예의지국이며 그 중심에는 충(忠)과 효(孝)가 있다. 그럼에도 불구하고 오늘의 현실은 충은 온 데 없이 사 라지고 말았다. 대한민국은 민주공화국이다. 5천만 국민이 모두가 주인이 되는 나라가 되었다. 아차 잘못하면 권리만 있고 의무가 없 는 나라가 될 것인가? 한국교회 기도제목이 아닐 수 없다. 효는 어떠한가? 효 역시 핵가족 시대에 교회에서까지 효를 찾아보기가 어렵게 되어가고 있다.

순복음인천교회 최성규 목사는 1995년부터 효를 목회 현장에서 실천하고 있었고, 2007년 7월 2일에는 국회에 "효행장려 및 지원에 관한 법률"이 통과됨으로 효운동 12년 노력이 국가적으로 영향을 미치는 결실을 가져왔다. 그는 "행복하게 살기를 원하는가? 효도하면 된다."고 외친다.

사실 기독교는 효의 종교이다. 존경받는 교회로 위상을 정립하고 효운동이 교회마다 가정마다 활성화된다면 교회부흥뿐 아니라 민족복음화와 복음통일까지도 가능케 하는 열쇠가 될 것이다. 쉐마 3대 운동을 펼치고 있는 현용수 박사도 맥을 같이 한다. 첫째는 매일 가정예배 드리기, 둘째는 삼대가 주일 저녁 예배 드리기, 셋째는 교회 교육에 자녀 참여시키기 운동이다.

진리는 모든 부분에 통하기 마련이다. 구약성경이나 신약이나 모두가 동일하신 하나님의 말씀이다. 일점일획도 가감할 수 없는 살아계신 하나님의 명령이고 말씀이다. 순종할 때에 복을 받는다. 말씀의 핵심은 하나님 사랑, 이웃 사랑이고, 이웃에 첫 번째 대상이 나를 낳아주시고 길러주시고 사랑해주신 부모님이시다. 사실 부모님은 하나님의 사랑을 최고로 나타내주시는 보이는 하나님이시고 나를 이 세상에 존재케 하신 창조자이시다. 그러므로 하나님을 사랑한다 하면서 부모님을 사랑하지 않는 자는 하나님을 거짓말쟁이로 만드는 사람이고, 외식하는 사람일 수밖에 없다.

"네 부모를 공경하라. 그리하면 네 하나님 여호와가 네게 준 땅에서 네 생명이 길리라."(출 20:12)

"내 아들아 네 아비의 훈계를 들으며 네 어미의 법을 떠나지 말라. 이는 네 머리의 아름다운 관이요 네 목의 금 사슬이니라."(잠 1:8~9)

"내 아들아 네 아비의 명령을 지키며 네 어미의 법을 떠나지 말고 그것을 항상 네 마음에 새기며 네 목에 매라."(잠 6:20~21)

"너를 낳은 아비에게 청종하고 네 늙은 어미를 경히 여기지 말지니라."(잠 23:22)

"네 부모를 즐겁게 하며 너를 낳은 어미를 기쁘게 하라."(잠 23:25)

"너희 각 사람은 부모를 경외하고"(레 19:3)

이러한 성경 구절 중에서 가장 근본이 되는 내용은 앞에서 인용한 출애굽기 20장 12절에 기록된 제5계명 말씀이다.

지금도 미국 워싱턴에 있는 국회의사당에 가면 넓고 넓은 로비의 벽면에 8폭의 대형 그림이 걸려있다. 모두가 초기 미국 건국의 역사를 그린 것이다. 8폭의 그림 중 네 폭의 그림은 초기 미국의 감리교 역사를 그렸다. 감리교의 창시자 존 웨슬리의 가정에 대하여 김성영은(2004) "하나님께서 일으키신 영성의 사람 존 웨슬리 때문에 18세기 영국의 기독교는 활력을 되찾고 사회의 도덕적 기강이 다시 회복되는 계기를 마련하게 된다. 이후 감리교(Methodist Church)가 창설되기도 한다."라고 말한다. 이렇듯 위대한 믿음의 사역자는 한때 실망과 낙담에 빠진 적도 있었지만 1738년 5월 24일 저녁 8시 45분경 올더스게이트 거리의 작은 모임에서 존 웨슬리가 루터의 「로마서 주석」 서문을 듣고 있을 때 마음이 이상하게 뜨거워지는 하나님의 역사를 경험한다. 믿음은 자신의 철저함이나 노력이 아닌 하나님의 전적인 은혜요, 전적인 믿음이요, 전적인 맡김으로 이루어짐을 깨닫는다. 그 후 그는 하나님의 위대한 종으로 쓰임 받게 된다.

이런 웨슬리에게 생활과 신앙적으로 결정적인 영향을 준 것은 어머니 '수산나'였다. 그녀는 어머니이자 가정교사였다. 어머니가 큰아이를 가르치면 큰아이가 나중에 동생을 가르치고, 그 다음 동생이 다른 동생을 가르치는 방식으로 19명의 남매를 키웠다. 많은 자녀를 올바로 키워내기 위해서 생활을 엄격하게 가르치고, 규칙적인 생활이 몸에 배도록 하였다. 이러한 어머니의 가정교육을 통해 웨슬리가 태어나게 된 것이다.

김형준(2004)은 수산나의 가정교육을 다음과 같이 소개하고 있다.

후대 사람들은 이 너무나 어려운 상황 속에서도 자녀들이 잘 자란 이유가 궁금해지곤 한다. 수산나는 열약한 환경이지만 자기 자녀들을 향한 하나님의 계획을 보았다. 그녀는 10가지 원칙을 세우고 아이들을 길렀다. ① 간식엄금, ② 8시 전원 취침, ③ 개인의 의사존중, ④ 아이 전원을 하나님께 인도, ⑤ 말하기 시작하면 기도부터 가르침, ⑥ 가정예배 때 절대정숙, ⑦ 떼쓸 때는 아무것도 주지 않음, ⑧

잘못을 고백하면 무조건 용서하나 고백하지 않으면 반드시 벌함, ⑨ 부모나 아이들이나 약속한 것은 반드시 지킴, ⑩ 부모의 채찍을 두려워하고 부모의 훈계를 고맙게 여김 등이었다. 그녀는 참으로 광야와 같은 시대에 하나님의 계획에 초점을 맞추어 자녀들을 교육함으로써 자녀들을 향한 하나님의 뜻을 성취할 수 있었다.

'동방예의지국' 이라던 한국에서 노인 학대는 흔한 일이 되어버렸다. 자식들이 노부모 부양을 회피하고 서로 미루는 일은 보통이고 한집에 살면서도 노부모를 장기간 방치하는 일은 물론 폭력에 갈취까지 그 도를 더해가고 있다.

최근 보건복지부 통계를 보면 아들이 소용없다는 말이 실감난다. 노인 학대 가해자로 아들(56.3%), 며느리(12.6%), 딸(9.6%), 배우자(6.6%) 순으로 조사되어 가족에 의한 학대가 총 90.4%로 대부분을 차지한다. 학대 유형별로는 언어정서 학대(44.1%)가 가장 많았고 방임(23.2%), 신체적 가해(16.7%)도 적지 않았다. 전체 피해 노인 중 여성이 70.1%나 됐으며 특히 70대 여성 노인이 28.6%를 차지했다.

아이는 부모의 말투는 물론 행동거지를 닮는다. 아버지가 어머니에게 폭력을 휘두르는 것을 보고 큰 아이는 성인이 되어서 똑같이 아내에게 폭력을 휘두를 가능성이 크다. 부모가 자신의 부모를 공경하지 않는 모습을 보고 자란 자식은 나중에 커서도 똑같이 자신의 부모에게 불효할 확률이 높다.

숨겨진 보화

2002년 17개 아시아, 태평양 국가 500명 청소년들을 대상으로 유니세프(UNICEF)에서 조사한 바에 따르면 우리나라 청소년 23%만이 어른들을 존경한다고 한다. 이는 조사 국가 중 최저치로서 사회적 위기를 말해 준다. 부모들이 가정에서 존중받지 못하는 것이다.

또한, 성도의 가정에서까지 위로는 하나님을 경외하며, 아래로는 제5계명(효 계명)인 "네 부모를 공경하라"는 명령을 소홀히 하게 되었다. 효의 붕괴는 가족 중 어느 한쪽에게만 책임이 있는 것은 아니다. 부모인 부부 관계와 자녀와 부모 관계 그리고 형제, 친척 관계라는 가족 구성원 간의 복잡한 관계망이 문제이다.

특별히 한국사회는 1970년대 이후 급속한 산업화, 도시화 되면서 가정은 핵가족의 증대, 개인주의, 탈권위주의, 다양한 가족 형태의 증가, 가족 구조의 단순화, 가족 기능의 축소 내지 변화, 부부 권력구조의 평등화, 가족 역할의 대체, 기능의 증대, 가족생활 주기의 변화, 가족 가치 체계의 다양화 등 정보화 사회로 변화되어 가정 문제가 심각해지고 있다.

가족제도 붕괴는 노인문제로 나타나게 된다. 이미 한국은 2000년에 '고령화 사회'로 접어들었고, 노인인구 비율이 20%가 되는 2026년에 '초고령사회'로 진입하게 될 것이라 한다.

2050년에는 한국의 노인인구비율이 세계 최고 수준이 될 것으로 전망된다. 출산율은 갈수록 떨어져 인구규모는 2007년 세계 26위에서 2050년 44위로 내려갈 것으로 보인다. 늙은 한국이 된다는 것이

다.(홍재칠의 논문 중에서)

　　최근 한국투명성기구의 통계에 따르면 한국 청소년들의 반부패 인식지수는 10점 만점에 6.1점으로 매우 심각한 수준이었다. 감옥에서 10년을 살아도 10억을 벌 수 있다면 부패를 저지를 수 있다고 응답한 학생이 17.7%이고, 내 가족이 권력을 남용하고 법을 위반하여서 부자만 된다면 그렇게 하겠다는 학생이 17.2%, 뇌물 20%, 나를 잘 살게 해줄 수만 있다면 국가의 지도자가 범법 행위를 해도 좋다는 청소년이 24.3%였다. 이런 사회에서 효도를 가르치고 기대한다는 것은 숲속에서 물고기를 찾는 것과 마찬가지일 것이다.

　　효행에 대하여 누가 책임지고 바른 사회와 나라를 세운단 말인가? 정부인가? 학교인가? 교회인가? 아니면 가정인가? 언제부터 효도교육을 말과 행위로 가르칠 것인가? 황금만능주의가 팽배한 자유주의 사회에서 과연 누가 어디에서 언제부터 시작할 것인가? 호레스 부쉬넬은 "기독교 교육이 진실로 가능한 현장은 어디인가라는 질문에 한 마디로 가정이라고 말했다." 마이클 박은 가정에 대하여 다음과 같이 말하였다. "가정이야말로 학교보다 자녀들을 성공적으로 교육하는 훌륭한 곳이다. 만약 가정이 화목하고 모든 일들이 잘 되어 간다면 인생은 가치 있고 아름다운 것으로 교육될 것이다. 그러나 가정이 어둡고 복잡하여 불화로 인해 침체되면 인생은 고독하며 사막으로 바꾸어지게 될 것이다."라고 하였다. 마가렛 사원

숨겨진 보화

(Margaret Sawin)은 가정은 우리 모두 걸어야 할 참된 신앙의 길을 가르치는 신학적으로 살아있는 하나님의 학교라고 했다. 알렉산더는 "기독교 신앙은 건물을 짓고 사방의 벽을 튼튼하게 세운 다음 거기에 시멘트를 발라 아버지는 더욱 아버지답게 남편은 더욱 남편답게 그리고 아들은 더욱 아들답게 만든다. 따라서 가정예배보다 더 강력하게 가족을 결속시키고 사랑을 느끼게 하는 화합의 끈은 없다."고 하였다.

그러므로 주사위는 확실히 던져졌다. 조금은 길고도 먼 길일지라도 가정예배를 회복함으로 효도하고 자녀를 사랑하고 하나님이 축복하시는 행복한 가정을 만드는 데 주저하지 말아야 한다.

"너는 이것을 알라. 말세에 고통하는 때가 이르러 사람들이 자기를 사랑하며 돈을 사랑하며 자랑하며 교만하며 비방하며 부모를 거역하며 감사하지 아니하며 거룩하지 아니하며 무정하며 원통함을 풀지 아니하며 모함하며 절제하지 못하며 사나우며 선한 것을 좋아하지 아니하며 배신하며 조급하며 자만하며 쾌락을 사랑하기를 하나님 사랑하는 것보다 더하며 경건의 모양은 있으나 경건의 능력은 부인하니 이같은 자들에게서 네가 돌아서라."(딤후 3:1~5)

7. 가정예배는 환난을 대비하는 예방주사다

인생이 강건하면 70이고, 80이지만 남는 것은 수고와 슬픔뿐이라고 모세는 고백한다. 경점과 같은 짧은 인생에서 기쁨을 누리고 즐거워하는 것이 하나님의 뜻이다. 그러나 현실은 어떠한가? 과연 기독교인의 삶이 불신자의 삶보다 행복하다고 고백하고, 감옥에서나 병원에서나 요양원에서나 시장에서나 길거리에서나 어느 곳에 있든지 예수님 때문에 행복하고 평안하다고 고백하는가? 그렇다면 천국을 사는 사람이다. 저절로 전도되고 이 땅에 하나님 나라를 세울 것이다.

"그러므로 우리가 믿음으로 의롭다하심을 받았으니 우리 주 예수 그리스도로 말미암아 하나님과 화평을 누리자. 또한 그로 말미암아 우리가 믿음으로 서 있는 이 은혜에 들어감을 얻었으며 하나님의 영광을 바라고 즐거워하느니라. 다만 이뿐 아니라 우리가 환난 중에도 즐거워하나니 이는 환난은 인내를, 인내는 연단을, 연단은 소망을 이루는 줄 앎이로다. 소망이 우리를 부끄럽게 하지 아니함은 우리에게 주신 성령으로 말미암아 하나님의 사랑이 우리 마음에 부은 바 됨이니 우리가 아직 연약할 때에 기약대로 그리스도께서 경건하지 않은 자를 위하여 죽으셨도다."(롬 5:1~6)

이 설움 저 설움 중에 배고픈 설움이 최고라 한다. 그래서 사람들은 돈, 돈, 돈 하다가 결국 머리가 돈다. 11년 전에 겪었던 IMF는 엉겁결에 맞는 몽둥이와 같았다. 중소기업은 무너지고 가장들은 직장에서 퇴출되자 결국은 가정이 깨졌다. 후배목사의 말에 의하면 그 당시 그 지방 소도시에서 이혼한 가정이 47%나 된다고 하였다. 이제 미국에서부터 불어 닥친 세계 경기 침체는 10년은 갈 수 있다고 한다. 특별히 한국경제는 세계 경기 사이클을 심하게 타기 때문에 한국은 혹독한 불황을 대비해야 한다.(닥터 둠, Dr. Doom)

참으로 안타까운 사실은 자살 문제이다. IMF 때에도 엄청난 숫자의 사람들이 하나님이 주신 생명을 하나님의 허락도 없이 스스로 끊어버렸다. 그러나 자살 행진은 아직도 멈추지 않는 열차처럼 계속되고 있다. 2000~2003년 통계에 의하면 인구 10만 명당 26명이 자살함으로 7배나 증가하였다. 2003년에 65세 노인 2,760명이 자살하였다. 같은 연령대의 노인 10만 명당 71명 꼴이다. 반면 미국이나 호주는 10만 명당 10명이다. 노인의 자살 증가 속도는 10년 동안 3배나 뛰었다. 한국자살예방협회의 보고에 의하면 이같은 자살 증가 속도는 세계에서 유래를 찾아볼 수 없을 정도로 빠르다. 엘빈 토플러는 그의 저서 「부의 미래」에서 이렇게 적고 있다. "역사가 루이즈에 의하면 중세시대에 3~5년마다 기근이 유럽을 강타했다. 역사 리처드 던에 의하면 1565년 한 해만 해도 함부르크 주민 1/4, 1575년 이후 3년간 베네치아의 주민 1/3, 1656년 나폴리 인구 거의 절반, 프랑스 보베의 경우 매년 전체 어린이 1/3이 기근으로 사망했다. 유럽인들이 포크와 스푼을 사용한 것도 18세기 이후이다."

우리나라의 현실은 어떠한가? 1961년 우리나라 1인당 국민소득은 82달러로 170달러인 아프리카의 가나, 254달러인 필리핀만도 못했다. 우리의 꿈은 언제나 저 나라처럼 잘 사느냐는 것이었다. 그런데 2007년 현재 가나는 590달러, 필리핀은 1,620달러에 불과하다. 한국은 19,690달러에 세계에서 13번째로 잘사는 나라로 성장했고, 2008년 수출은 4천 억 달러를 달성하기도 했다. 산이 높으면 골도 깊고 고지가 가까워올수록 산은 가파른 법이다. 선진국이라는 고지를 오르기 위해서는 이 고비를 슬기롭게 넘겨야 한다. 무엇보다도 위기를 기회로 삼는 지혜와 저력을 모아야 할 때이다. 더구나 이번 경제 위기는 전 세계가 함께 겪는 고통이지 않은가? 가뭄의 참깨는 풍년 든다는 옛글이 있다. 참깨는 건성식물이기에 물기가 많은 습한 땅에서는 풍성한 수확을 기대할 수 없다. 오히려 마른 땅에서 잘 자라기 때문에 가문 해에 풍년이 드는 것이다. 신앙생활 역시 마찬가지다. 이때에 그리스도인들이 순교자의 믿음을 가지고 기쁨으로 기도하며 감사함으로 찬송하며 행복하게 사는 모습을 보여줄 때, 교회는 부흥하고 세상은 밝아질 것이다.

1. 하나님 한 번도 나를 실망시킨 적 없으시고
   언제나 공평과 은혜로 나를 지키셨네
   오 신실하신 주 오 신실하신 주
   내 너를 떠나지도 않으리라 내 너를 버리지도 않으리라
   약속하셨던 주님 그 약속을 지키사
   이후로도 영원토록 나를 지키시리라 확신하네
2. 지나온 모든 세월들 돌아보아도
   그 어느 것 하나 주의 손길 안 미친 것 전혀 없네

숨겨진 보화

오 신실하신 주 오 신실하신 주

내 너를 떠나지도 않으리라 내 너를 버리지도 않으리라

약속하셨던 주님 그 약속을 지키사

이후로도 영원토록 나를 지키시리라 확신하네

오늘 우리의 형편은 어떠한가? 도시, 농어촌에 방방곡곡 면면촌 촌에 6만 교회가 있다. 그러나 주일 한 시간의 예배만으로 인간의 힘으로 해결할 수 없는 고난의 문제를 어떻게 해결한단 말인가? 현대 가족은 부부 중심이다. 가족 해체를 교회가 책임질 수 있는가? "가족 해체란 가족성원이 자기의 역할 의무를 적절하게 수행하지 못한 데서 오는 역할 구조의 해체 또는 붕괴라 하고 그 주요 내용은 불안정한 가족으로서의 부적당한 출발, 결혼의 파기, 별거, 이혼, 유기, 가족이 동거하나 의사소통이 되지 않는 형식적인 가족, 불가항력에 의한 남편이나 아내의 결손 등이다."(W.J Goode)라고 하였다. 가족 해체의 요인은 감정적 대립, 문화 형태의 대립, 사회적 역할의 대립, 경제적 긴장, 정서적 갈등, 성적 갈등 등이라고 하였다.(E.W Burgess)

이와 같이 복잡하고 어려운 문제들을 어떻게 해결할 것인가? 이제 교회가 세상을 향하여 일어나 빛을 발할 수 있는 불씨를 만들어 살려야 한다. 그것은 가정회복이고, 가정회복의 뿌리는 가정예배의 회복에 있음은 부인할 수 없는 사실이다.

8. 가정예배는 혈기를 죽이고 천국과 같은 가정을 만든다

칼빈은 말하기를 "가정은 하나님이 설정해 놓으신 제도이며 결혼의 존엄성은 우리가 그것을 창조하신 분이 하나님임을 인정할 때 더욱 분명히 알게 된다."고 하였다. 래리 크리스텐슨(Larry Christenson)은 "그리스도인의 가정이란 예수 그리스도와 함께 사는 가정"이라고 확실히 정의한다. 그럼에도 불구하고 통계청 발표에 의하면 부부 이혼율에서 신자와 불신자 간의 차이가 없다고 한다. 여성의 전화와 한국갤럽조사연구소 한국여성개발원 등에서 조사한 결과에 따르면 남편에게 구타당한 여성이 최소 28.2%에서 많은 경우 61.0%에 달한다. 여성에 대한 폭력은 심하면 죽음에 이를 수도 있으므로 심각한 사회 문제이며 심한 굴욕감과 함께 병리적 증상을 초래하며 그 자녀들에게는 폭력 학습의 장이 되어 폭력 행위의 악순환을 거듭하게 하는 가정 문제일 뿐 아니라 사회 문제까지 확산되는 것이다. 구타하는 남성의 특성으로는 분노조절능력 결핍이 가장 큰 문제다.

솔직히 고백한다면 말씀과 성령의 충만함을 받고 사는 대부분의 크리스천을 포함한 모든 교인들이 과연 가정에서 참으로 행복한 부부생활을 산다고 자랑할 수 있는가? 자녀들이 참으로 우리 부모님은 크리스천이라고 존경하고 따르는 인격을 갖추고 있는가? 이 모든 문제를 해결하는 근본적인 영적 은혜를 말한다면 혈기를 죽이는 것이다. 그러므로 바울은 분을 내어도 해를 넘기지 말라고 하였다. 왜냐하면 마귀가 틈타지 않게 하기 위해서라고 하지 않았는가? 역설적으로 보면 혈기를 죽이지 않으면 결국은 마귀에게 속하여 마귀가 하자는 대로 하는 일이 혈기이고, 혈기가 흘러넘치면 결국은 껍데기 가정만 남는 것이다. "사철에 봄바람 불어 잇고 하나님 아버지 모셨으니."라고 찬송을 부르지만 사실은 시베리아 모진 바람이 부는 감옥이고, 지옥인 크리스천 가정이 된다면 얼마나 슬프고도 안타까운가? 자살한 유명한 연예인들 영정 사진 밑에 '十 성도 000'라고 써 있는 푯말을 볼 때마다 가슴이 아프다. 복음의 능력이 혈기나 분노나 시기나 질투, 분쟁, 싸움, 자살을 이길 수 없단 말인가?

1천만 크리스천들의 DNA가 바뀌어야 한다. 맹물이 변하여 포도주가 되었던 것처럼 말씀과 성령의 능력으로 변화되어야 한다. 죄인이 회개하고 예수님 영접하면 하나님의 자녀가 되는 권세를 얻게 되는 것이다(요 1:12). 할아버지 닮고 아버지 닮고 할머니 닮고 어머니 닮은 개성(개 같은 성질)과 지성(지랄 같은 성질)이 변화되어야 한다. 죄인이 변하여 성자되는 것이 하나님의 뜻이고 우리 모두의 기도제목이 되어야 한다.

내가 그리스도를 본받는 자 된 것같이 너희는 나를 본받는 자가 되라(고전 11:1)고 전했던 바울 사도처럼 삶으로 설교하고 삶으로 하나님께 영광을 돌리는 자가 곧 제자이다. 만일 DNA가 바뀌지 않고 형식적 그리스도인이 되고 만일 제자가 되지 못하고 무리가 된다면 참으로 슬픈 일이다. 믿는 자나 불신자나 모든 사람들의 한결같은 소원과 기도제목이 무엇일까? 자식들에게 축복을 물려주는 일일 것이다. 미국 기독교 TV를 통하여 수많은 영혼을 주님께 인도하며 세계 곳곳에서 선교사역을 하는 선교사들에게 엄청난 영향력을 끼치는 메릴린 하키(Marilyn Hickey)는 그의 책 「가계에 흐르는 저주를 끊어야 산다」 서문에서 미국의 대조적인 두 가정의 가족사를 들면서 두 가지 흐름을 제시하였다.

"맥스 죽스(Max Jukes)는 무신론자로서 하나님을 믿지 않는 여성과 결혼했다. 그로 말미암아 그의 가문의 560명의 자손들을 추적해 보았다. 310명이 거지로 죽었고, 150명이 범죄자가 되었으며, 그들 가운데 7명이 살인자였고, 100명이 술주정뱅이였으며, 그 가계에 속한 여자들 중 절반 이상이 몸을 파는 창녀들이었다. 죽스의 자손들은 미국 정부에 -19세기의 달러 가치로 환산할 때- 125만 달러 이상의 손해를 끼쳤다.

한편 죽스와 동시대를 살았던 조나단 에드워즈(Jonathan Edwards)라는 사람이 있었다. 그는 하나님을 그의 삶의 첫 번째 자리에 모신 헌신된 기독교인이었다. 그는 경건한 자매와 결혼해서 약 1,394명의 자손들을 두었는데, 다음은 그의 자손들을 추적한 기록이다.

295명이 대학을 졸업했고, 그들 가운데 13명이 대학 총장이 되었으며, 65명이 교수가 되었고, 3명이 미국 의회의 상원의원으로 선출되었으며, 3명은 주지사로, 다른 사람들은 외국에 선교사로 파송 받았고, 30명은 판사고, 100명은 변호사로(그 중 한 명은 유명한 법과대학의 학장이었으며), 56명은 외과 의사로(그 중의 한 명은 의과대학 학장이었으며),

75명은 군대의 장교가 되었으며, 100명은 유명한 선교사와 목사와 작가가 되었으며, 또 다른 80명은 다양한 공직은 맡고 있었으며, 그 가운데 3명은 미국 대도시의 시장으로 일했으며, 한 명은 미국 재무성의 감사관이었고, 다른 한 사람은 미국의 부통령이었다. 조나단 에드워즈의 자손 가운데 어느 한 사람도 정부에 해를 깨치거나 짐이 된 사람은 없었다."

그렇다면 이들 두 가문을 구별 짓게 만든 결정적인 차이는 무엇일까? 정태기는(2001) 다음과 같이 정리하고 있다. 그것은 바로 그들이 받은 유산에 있는 것이다. 두 가문의 후손이 받은 정신적 영적 유산이 차이를 만든 것이다. 두 가문에 대해 비교 연구하면서 발견한 것은 부부가 믿음과 소망과 사랑의 질서 속에서 서로 존경하며 사는 모습을 자녀들에게 보여주는 것만큼 큰 유산은 없다는 것이다. 최석원은 "한 주간에 부부가 나누는 대화 시간이 17분, 자녀와 대화를 나누는 시간이 15분 가량이다. 대신 TV 시청시간은 하루 평균 2시간 이상이다. 이것이 오늘 가정모텔이나 가정호스텔로 만드는 이유이다."

최석원씨는 이 시대의 아픔을 다음과 같이 표현하였다.

"이 시대의 진정한 비극과 아픔은 진정한 아버지의 역할과 기능을 모르는 아버지와 자녀됨을 제대로 배우지 못한 자녀들에게 있다. 한 번도 포옹을 경험해 보지 못했기에 아들을 포용할 줄 모르는 아버지와 그런 아버지를 이해할 수 없어 방황하는 자녀들에게 있다.

윽박지름과 구타로 아버지와 관계를 맺었기에 자신의 자녀들과도 다른 방법으로 관계를 맺을 줄 모르는 아버지와 또 그 아버지로 인해 아버지에 대한 분노와 상처를 간직하고 멀어져 가는 우리의 자녀들에게 있다."

이제 행복한 부부생활 행복한 부모와 자녀들과의 관계회복을 통한 가정을 회복하는 근본적인 방법을 성경에서 찾아보자. 한마디로 말한다면 가정예배의 회복에 있다.

최초의 성막(이동 성전)은 모세가 시내 산에서 하나님의 말씀에 순종하여 지은 것이다. 가족 전원이 성막을 건축하는 데 참여하였다(출 35:22~26). 인구 조사 때 모세는 성막에서 명령을 받았다. "너희는 이스라엘 자손의 모든 회중 각 남자의 수를 그들의 종족과 조상의 가문에 따라 그 명수대로 계수할지니(민 1:2)" 여기서 모세와 아론의 시대에 성막이 가족생활의 중심이었음을 알 수 있다. 특별히 이스라엘 민족의 최고 축제인 유월절을 준비하는 데 각 가족의 구성원이 참여하였다. "너희는 이 일을 규례로 삼아 너희와 너희 자손이 영원히 지킬 것이니(출 12:24)" 가족 중의 가장 어린아이나 장남이 이 축제의 의식에서 특별한 임무를 이행하기 위해 열심히 준비하고 기다린다. 그것은 오랜 세월동안 전해 내려온 다음과 같은 질문이다. "이 예식이 무슨 뜻이냐?(출 12:26)" 대답을 확인하고 누룩 없는 빵과 쓴 나물을 먹으면서 애굽에서 유월절사건을 통하여 건져주시고 홍해 바다를 건너게 하시고 낮에는 구름기둥 밤에는 불기둥으로, 반석에서 생수를 새벽마다 만나를 주시니 하나님의 은혜를 잊지 않고 감사하는 가족 축제인 것이다. 가족들은 성막을 중심으로 살면서 제사(예배)를 통해서 거룩하신 하나님의 계시를 경험했으며 보이지 않는 하나님의 존재를 날마다 역사하시는 임재(구름기둥, 불기둥, 만나, 메추라기, 불뱀, 전쟁의 승리…)를 체험하며 가나안을 향한 40년 광야 생활을 하였던 것이다. 곧 가족 중심의 삶이고 가족 중심의 예배였음을 알 수 있다.

고단한 광야 길에서 드리는 예배의 중심은 감사가 아닐 수 없었다. 이스라엘의 중요한 종교적 축제의 많은 부분은 가족 공동체의 하나님에 대한 감사기도였다. 출애굽기의 기록에 보면 유월절축제는 가장의 사회로 진행하는 가족의 축제였다. 그것은 춘분이 지난 후 첫 번 맞는 보름에 지키는 것으로, 애굽의 속박으로부터 해방되게 하심을 감사하는 축제였다.(출 12:3~8)

빌리 그레함 목사가 붕괴하는 가정을 치료하는 방법으로 제안한 방법 중 하나가 가정마다 하나님의 명령체계를 수립하라는 것이다. 국가나 교회나 직장에서도 질서가 무너지면 망하게 된다. 현대가정의 가장 큰 문제점은 이 절대 권위가 없다는 것이다. 그리스도인의 가정에 가정예배가 있다면 그 가정의 머리는 예수 그리스도가 되는 것이다. 그리스도를 절대자로 모시고 사는 가정은 세상 사람들의 가정과 다르기 마련이다. 가정의 권위와 질서의 원천은 날마다 새날과 새 생명의 하루를 시작하게 하신 하나님의 은혜에 대한 감사로 시작하고 하루해를 마치고 안식의 밤을 주신 은혜에 감사하는 가정예배

V. 가정예배의 중요성

에서 마치게 될 것이다.

랜츠(Lentz)에 의하면 "가정예배는 감사와 찬양으로 그의 선하심을 집합적으로 다시 기억하는 하나님 앞에서의 가족 공동체의 거룩한 대면(또는 만남)이다."라고 하였다. 기독교 가정사역연구소의 송길원 목사는 미국의 네브리카대학의 인간 개발 및 가정연구부의 행복한 가정과 모습을 이렇게 소개한다. "행복한 가정일수록 서로 감사한다는 말을 많이 한다."

기독교 신앙에 대한 가장 훌륭한 요약이라 할 수 있는 웨스트민스터 신앙고백서는 모든 장로교회의 공통된 교리표준이다. 영국과 미국의 모든 회중교회들도 이 고백서를 모든 고백서 중에서 가장 높이 인정한다. 웨스트민스터 신앙고백서 21장 6절에서 "우리는 언제 어디서나 하나님을 경배하되(말 1:11, 딤 2:8) 영과 진리로 예배드려야 한다(요 4:23~24). 각 가정에서(행 10:2, 신 6:6~7, 삼하 6:18, 20, 욥 1:5, 렘 10:25, 벧전 3:7) 날마다 예배드릴 수 있으며(마 6:11, 엡 6:18) 은밀한 가운데 개별적으로 예배드릴 수도 있다.(마 6:6)"(「웨스트민스터 신앙고백서」, 나용화)

하지(A. A. Hodge)는 이 부분에 대하여 「웨스트민스터 신앙고백 해설」에서 다음과 같이 설명한다.

"집회에서 드리는 공중예배 이외에 각 개인의 비밀히 단독으로 드리는 예배와 기도, 그리고 각 가정이 사사로이 드리는 예배와 기도는 필수적인 의무다. 은밀한 예배를 우리 주께서는 아주 분명히 명령하셨다(마 6:6; 엡 6:18). 이 의무를 이행할 때에 모두 단독으로 기도와 성경 읽기와 거룩한 명상과 진지한 자기반성에 시간의 얼마만큼을 드려야 한다. 이 의무를 양심적으로 다하는 데서 얻는 이점은 충분히 행한 사람들이 가장 잘 안다. 가정마다 행해야 하는 가정예배는 보통 조석으로 드리되, 기도와 성경읽기와 찬송가로 구성된다. 이 예배는 가장이 인도하되, 가족이 전부 참석하도록 주의해야 하며 아무도 필요 없이 어느 부분에서 빠져서는 안 된다. 기도와 찬송에 엄숙히 참석해야 하는 것과 같이, 성경을 읽을 때에 일상적인 일을 하지 않아야 한다. 가장들은 아이들과 하인들에게 종교의 원칙들을 가르치도록 주의하라. 이 일을 위해서 모든 적당한 기회를 이용하라. 그러나 공중예배가 있은 후 안식일 저녁을 이 목적에 충당하는 것이 좋으리라고 생각한다. 그러므로 주일에 불필요한 사적 방문을 하는 것에 우리는 강하게 반대한다. 꼭 필요하거나 자선을 위한 것이 아니면 외인을 가정에 들여놓는 것이나, 그 밖에 일을 해서 위에서 말한 중요하고 필요한 의무를 방해하는 것에 우리는 강하게 반대한다."

9. 가정예배는 종교개혁의 지름길이다

믿는 사람이나 믿지 않는 사람을 막론하고 모두가 혈압을 올리면서 깃발을 흔들고 있다. 오늘의 한국교회는 변화되고 개혁되어야 한다고 돌을 던지고 촛불을 밝히고 있다. 보수나 진보, 작은 교회나 큰 교회, 평신도들이나 교역자들도 모두 변화되어야 한다고 외친다. 그러나 변화의 주인공은 누구이고, 개혁의 주체는 누구이고, 어떻게 가능한지에 대해서는 정답이 없다. 청교도들의 개혁과 변화의 삶은 오늘을 사는 교회와 세상 사람들에게 멘토가 되고 길라잡이가 된다. 청교도들은 가정을 작은 교회로, 아버지를 그 교회 목사로 생각하고 자기 가족을 감독하며 목양하는 것이 아버지의 의무였다고 한다. 청교도 지도자 중의 하나인 윌리암 가우지(William Gouge)는 가정을 일컬어 "가정은 꿀이 저장되는 교회와 국가의 신학교"라고 하였다. 이어서 그는 "가정예배를 통하여 가정이 부흥하고 변화되면 교회는 자연히 부흥되고 변화될 것이니 사회 역시 가정과 교회를 통하여 누룩처럼 부흥되고 변화될 것"이라고 하였다. 잭 헤이퍼드 목사는 이렇게 말한다. "우리는 두 번째 종교개혁을 시도해야 한다. 마르틴 루터의 종교개혁이 올바른 신학을 회복하는 개혁이었다고 한다면 오늘날의 종교개혁은 올바른 예배 갱신이다. 중세 종교개혁이 믿음으로 얻는 의와 구원을 중심으로 이루어졌다면, 오늘날의 종교개혁은 신자의 제사장적 예배로 돌아가는 데 초점이 맞춰져야 한다."고 하였다.

청교도들은 가정을 하나님께서 제정하신 제도 중에 가장 필수적인 제도로 여겼다. 가정을 작은 교회로 세우려고 노력했고 거룩한 관계로서 하나님을 예배하는 처소로 생각했다. 가정의 윤리는 질서, 예의범절, 가정예배를 유지하는 기본이 되었다. 벤자민 워즈워드는 가정을 "하나님의 영광을 드러내기 위하여, 그리고 주변에 있는 사람들의 행복을 위하여 세웠다."고 정의했다. 청교도들은 일상생활 가운데서 가정예배를 얼마나 중시했는지 「청교도 실천신학」에 기록된 글을 통해 알 수 있다.

청교도들은 하루의 일과를 통해 개인예배, 가정예배, 공적 예배를 드렸다. 개인과 가족 모두가 아침 햇살이 들어올 때 하나님에 대한 감사를 주제로 한 가정예배를 드렸다. 맑고 신선한 공기, 따뜻한 햇살, 지난밤의 평안한 휴식을 주셨음에 대하여 감사드린 것이다. 하루의 일과를 끝내고 저녁에 또 감사예배를 드렸다. 청교도들은 전문적이든 비전문적이든 간에 그들의 모든 직무가 하나님의 영광과 하나님의 뜻을 향한 관찰로 귀결되어진 예배를 드리는 삶이었다.(박영호)

청교도 교회 역시 회중에게 가정의 신앙 의무들을 행하라고 권하고 일깨웠다. 매일 아침과 저녁에 성경읽기, 기도, 시편 찬송으로 이루어지는 가정예배를 중요시했다. 자녀들을 포함한 가족들은 가정예배에 참여할 뿐 아니라 가정의 목사로서 예배를 인도했다. 청교도들은 가정을 하나님께서 인간에게 주신 최초의 선물로 보았으며, 가정을 세우신 목적을 하나님의 영광에 있다고 보았다. 청교도들은 가정의 신앙교육과 실천들을 가정생활의 필수 부분으로 중요시하고 교회의 효력을 보존하는 것으로 여겼다. 믿음을 전하는 중대한 일에 있

어서 가정은 교회와 더불어 필수불가결한 동반자였다. 그래서 교회
는 자주 회중에게 가정의 신앙 의무들을 행하도록 권하고 일깨웠다.

청교도의 삶과 신앙을 통하여 영향을 받은 존 웨슬리는 35개 이상
이나 되는 교단의 영적 아버지로, 그 중에서 가장 큰 교단이 감리교
회다. 그 외에도 구세군, 나사렛교회, 성결교회, 펜테코스탈, 순복음
교회 및 카리스마틱 갱신운동 그룹에 속하는 수백만 명의 영적 할아
버지다. 이 모든 교단들은 웨슬리의 18세기 "규칙쟁이 신앙 갱신운
동"과 깊은 관련이 있다.(Weakly,1977)

'감리교도(Methodist)'는 '규칙쟁이'라는 의미다. 이 단어에서 짐작
할 수 있듯이 웨슬리의 감리교 운동은 철저한 영성수련에 입각해서
이루어졌다. 하퍼(Harper, 1981)는 존 웨슬리를 영적 헌신의 사람이라
고 보았다. 웨슬리의 일생은 영성수련의 방법, 내용, 훈련으로 점철
된 삶이었다. 영성을 위한 엄격한 규칙은 그의 영성을 전혀 방해하지
않았으며, 오히려 더 깊은 차원으로 인도하는 수레바퀴였다고 주장
한 하퍼는 웨슬리가 순회설교가 중 한 사람에게 쓴 편지를 소개했다.

시작하십시오! 매일 개인적으로 영성수련의 시간을 정하십시오.
하고 싶든지 하기 싫든지 매일 정기적으로 말씀을 읽고 기도하는 시
간을 가지십시오. 이것은 당신의 삶을 위한 것입니다. 다른 방법이
란 없습니다. 그렇지 않으면 하루를 더 헛되게 낭비하게 될 것입니
다.(Yelford, John, ed, 4:103)

숨겨진 보화

웨슬리는 은총의 수단은 하나님께서 주신 것이며, 하나님께서는 그 안에서 우리를 만나고자 하신다고 믿었다. 그는 "은총의 수단은 하나님께서 인준하신 외적인 표시요, 말씀이며 행위다. 또한 하나님께서 선재적 은총, 의인화의 은총, 성화의 은총을 일반적인 통로인 은총의 수단을 통해 전달하시기 위해 제정하신 것이다.(Wesley, 1986, V. 5, 187)"라고 설명했다. 웨슬리는 은혜의 수단을 통해 하나님의 현존을 경험하고 그에 응답한다고 믿으면서도, 다른 한편으로는 형식주의에 빠질 우려가 있음을 항상 경고했다(Knight Ⅲ, 1992). 그는 은총의 수단을 규칙적으로 사용할 것을 다음과 같이 촉구했다.

수단 없이 목적을 달성할 수 있다고 생각하는 것을 조심하십시오. 하나님은 물론 수단 없이 결과를 주실 수도 있습니다. 그러나 그분이 그렇게 하실 것이라고 생각할 이유는 없습니다. 그러므로 하나님께서 은혜를 베푸시는 일반적 통로로 주신 은총의 수단을 부지런히, 그리고 조심스럽게 사용하십시오. 하나님의 은사를 받고 믿음을 증진시키기 위해 도움이 되는, 그리고 합리적으로 생각해서 도움이 된다고 생각하는 것이나 성서가 가르쳐 준 모든 은혜의 수단을 사용하십시오. 그렇게 함으로써 영적으로 성장하게 될 것을 기대하십시오. 과거에도 그렇게 했고, 앞으로도 항상 그렇게 되는 것이 진리일 것입니다.(Wesley, V. 5, 1986, 478)

그렇다. 하나님의 은혜를 체험한 만큼 예수님을 닮게 되고, 더불어 교회는 개혁되고 세상을 구원하는 교회의 사명을 감당할 수 있게 된다. 하나님의 은혜를 체험하지 못하는 사람은 인간의 힘으로 의를 행하거나 하나님의 뜻대로 살 수 있는 힘이 있을 수 없다. 인간은 모두가 허물과 죄로 죽었던 것이다. 창세기 2장에 보면, 짐승이나 새도 진흙으로 만드셨고 하나님의 형상대로 지음 받은 사람도 진흙으로 만드셨다. 그렇다면 짐승이나 새와 사람이 다른 점이 무엇일까? 하나님이 불어주신 생기를 받아야 한다. 그러므로 세상에서 가장 불쌍한 사람은 하나님의 은혜가 떠난 사람이다.(God damn)

기독교국가인 미국에서는 가장 큰 욕설이 "God damn"이라고 하지 않는가? 그러므로 인간은 누구를 판단하거나 정죄할 자격이 없다. 은혜 받은 만큼 사는 것이 인생이기 때문에 은혜를 많이 받으면 받을수록 인간답게 사는 것이고, 은혜를 받지 못하면 짐승처럼 살 수밖에 없다.

"만물보다 거짓되고 심히 부패한 것은 마음이라. 누가 능히 이를 알리요마는 나 여호와는 심장을 살피며 폐부를 시험하고 각각 그의 행위와 그의 행실대로 보응하나니(렘 17:9~10)" "그러면 어떠하냐. 우리는 나으냐. 결코 아니라. 유대인이나 헬라인이나 다 죄 아래에 있다고 우리가 이미 선언하였느니라. 기록된 바 의인은 없나니 하나도 없으며 깨닫는 자도 없고 하나님을 찾는 자도 없고 다 치우쳐 함께 무익하게 되고 선을 행하는 자는 없나니 하나도 없도다. 그들의 목구멍은 열린 무덤이요 그 혀로는 속임을 일삼으며 그 입술에는 독사의 독이 있고 그 입에는 저주와 악독이 가득하고 그 발은 피 흘리는 데 빠른지라. 파멸과 고생이 그 길에 있어 평강의 길을 알지 못하였고 그들의 눈 앞에 하나님을 두려워함이 없느니라 함과 같으니라."
(롬 3:9~18)

그러므로 교회에 나와 예수를 믿는다고 다 된 것이 아니다. 이제 시작하는 것이다. 물과 성령으로 거듭났다고 완성된 것이 아니다. 계속적인 은혜의 수단과 통로를 통하여 믿음 위에 믿음을, 그리고 은혜 위에 은혜를 받아야 한다. 그러므로 청교도들처럼 감리교도들처럼 그리고 옛날 우리의 믿음의 조상들처럼 가정예배를 회복하고 붙들어야 한다.

조엘 비키 박사는 부모님의 결혼기념일에 형과 함께 경험한 가정부흥의 순간을 회상했다. 부모님이 「천로역정」을 읽어주며, 성령께서 성도들을 인도하시는 방법을 가르치며 아버지가 눈물 흘리던 순간이 가장 감사한 순간이었다고 하며 가정예배를 통해 기독교가 진짜임을 확신하게 되었다는 형의 고백을 회상했다. 그가 어린 시절에 가족과 드렸던 가정예배가 자신에게 얼마나 큰 영향을 끼쳤는가를 짐작할 수 있는 대목이다. 그는 하나님께서 교회 부흥에 앞서 가정예배를 먼저 회복하신다며 1677년 메사추세츠 도체스터(Dorchester)에 있는 청교도 회중 교회의 서약을 인용하였다.

V. 가정예배의 중요성

우리는 우리의 가정을 개혁하기 위하여 우리 자신을 성실하고 양심적인 일에 투자할 것과, 가정에서 하나님을 예배하는 일을 계속 유지할 것, 그리고 모든 집안에서의 의무들과 교육, 훈계, 그리고 우리의 자녀들과 식구들이 주의 법도를 따라 살도록 인도하는 일들을 충실하게 수행함에 있어서 순전한 마음을 가지고 행할 것을 서약한다.

장로교의 전신인 스코틀랜드 교회의 가정예배의 모범은 그 서문에서 가장의 가장 크고 우선되는 의무와 책임은 가정예배를 인도하는 것이라면서, 가정예배의 의무를 무시하거나 소홀히 여기는 가장은 먼저 사적 권면과 경고를 받아야 하며, 그 이후에도 여전히 그러한 잘못 가운데 계속 머물러 있다면 당회의 책망과 수찬정지까지 받아야 할 것이라고 선언할 정도로 가정예배의 중요성을 강조하고 있다. 그래서 문맹자가 아니면 어느 집이든지 대소요리 문답과 신앙고백서와 가정예배 모범을 적어도 한 권씩 비치하도록 교회법으로 규정하였던 것이다.(「가정예배 모범」, 김준범)

당신은 지금 가정예배를 드리고 있는가? 가정예배를 드리는 것이 나와 사랑하는 가족이 은혜 위에 은혜를 받고 믿음 위에 믿음을 얻어 거룩함으로 구별되어 죄인들을 구원하고 어둡고 캄캄한 세상을 구원하는 유일한 공동체인 교회를 개혁하고 부흥시키는 누룩이 되는 것이다. 물론 그 길은 쉬우면서도 어려운 길임에 틀림이 없다. 그러나 결심만 한다면 얼마든지 가능하다. 하나님의 기쁨이 되고 축복의 창고의 열쇠가 되는 가정예배를 승리하는 데 무엇인들 못 하겠는가? 우리가 잘 아는 대로 현대그룹의 총수였던 고 정주영 회장의 새벽식탁을 기억하며 질책해본다. 그의 자녀들 모두가 그룹의 회장들이었지만 며느리들이 총동원되어 아침식사를 준비하고 함께 식사를 나누고 아버지와 아들들이 함께 걸어서 직장에 출근했다 하지 않는가? 눈보라치는 추운 겨울에도 소나기 내리는 장마철에도 365일 하루도 빠짐없이 그렇게 살 수 있는 힘의 근원이 어디에 있었을까? 가정에서 부모님의 리더십이 그만 못하고 교회에서 담임목사의 리더십이 그만 못하다면 어떻게 세상을 구원해야 하는 사명을 감당할 수 있겠는가? "내게 능력 주시는 자 안에서 내가 모든 것을 할 수 있느니라."(빌 4:13)

10. 가정예배는 백경천도(白經千禱)의 지름길이다

한학자인 오세종 목사는 이렇게 고백하고 있다.

"주의 말씀의 맛이 내게 어찌 그리 단지요. 내 입에 꿀보다 더 다니이다."(시 119:103)

사서삼경은 물론 불어(佛語) 시 1,000편을 암송한다는 무애 양주동 박사는 "예수쟁이들이 달랑 성경 한 권도 못 외우며 예수 믿는다는

151

것이 민망해 보인다."고 말한 바 있습니다.

우리 옛 선비들은 자기가 공부하는 경서를 수천 수백 번 읽어 그 뜻을 완전히 소화해 내는 침잠완색(沈潛玩索, 풍덩 빠져 들어가 즐기면서 공부하는 것)법으로 공부를 했습니다. 주자는 "공자 맹자가 내 가슴 속에 들어앉도록 경서를 수백 수천 번 읽어야 정통(精通)해진다."고 말했고, 세종대왕도 구양수와 소동파의 글을 모은 「구소수간(歐蘇手簡)」을 1,100번 읽었으며, 우암 송시열도 맹자를 수천 번 읽었습니다.

이런 방식이 옛날 공부 방식이었습니다. "주의 말씀이 어찌 그리 단지요." 그렇지만 신앙생활은 성경을 암송하는 것으로 온전히 이루어지는 것은 아닙니다. 백경천도(白經千禱), 백 번 성경 읽고 천 번 기도해야 신앙이 온전히 설 수 있습니다. 기도하지 않고 성경만 읽으면, 말씀이 소화되지 않아 이단사설에 빠지기 쉽습니다. 또한 기도만 하고 성경에 기초하지 않는 신앙은 무너지기 쉽습니다.

유다 왕 요시야가 왕이 된 지 18년 만에 성전을 수리하다가 율법 책을 발견합니다. 왕은 그 율법 책에 기록된 말씀을 듣고 순종할 것을 엄숙히 서약하고 온 백성에게 하나님만을 섬기라고 권고했습니다. 그리하여 유다에는 평화와 번영이 찾아왔습니다.(「2008 강림절 묵상집」, 도서출판 kmc)

그렇다. 하나님의 말씀에는 능력이 있다. 아름다운 세상을 말씀으로 창조하셨다. 말씀이 육신이 되어 이 땅에 선교사로 오신 분이 예수 그리스도이신 구세주시다. 성경은 일점일획도 흠이 없는 완전한 하나님의 말씀이고 축복의 언약이시다. 성경에는 금생과 내세의 천국과 지옥 그리고 인간의 모든 문제의 해답이 담겨 있다. 하나님의 말씀인 성경은 살았고, 운동력이 있어서 영과 혼과 골수를 쪼개고 수술하며 새롭게 하신다. 하나님의 말씀은 죽은 자를 살리고 병든 자를 고치며 상처 난 자를 치유하시고 억눌린 자와 갇힌 자와 포로 된 자에게 자유를 주신다.

일천만 성도가 가슴에 손을 얹고 생각해보자. 하나님의 말씀을 얼마나 사모하고 믿고 묵상하고 암송하고 필사하고 지켜 행하는지 생각할 때, 할 말이 없다. 앞서 간 성도들이 얼마나 성경을 하나님 말씀으로 믿고 양식으로 먹고 그 말씀을 전했는지를 생각할 때 가슴이 답답하고 얼굴이 붉어질 뿐이다.

감리교회의 창시자 존 웨슬리의 능력의 원천은 성경이었다. 그는 "한 책의 사람"이었다. 감리교회의 네 기둥은 말씀과 전통, 이성과 체험으로 거룩한 삶과 능력 있는 성령의 역사로 18세기 영국을 구원하고 19세기 선교영국을 세워 20세기를 세계 복음화의 틀을 세우는 기초가 되었다. 그는 영어 성경은 물론 성서 원어인 히브리어와 그리스어를 열심히 공부하여 원어 성서를 줄줄 읽을 수 있는 실력을 갖고 있었다. 그는 차터하우스 학교에서 6년 동안 중세기 수도원 전통의 교육을 받았다. 거기서 영어 성경과 라틴어 성경, 히브리어 성경과 그리스어 성경을 완벽하게 배운 상태에서 옥스퍼드에 갔다. 그의 아버지 사무엘 목사는 존 웨슬리가 옥스퍼드에서 공부할 때에 편지에서 성서를 원어로 완벽하게 읽고 해석할 수 있는 실력을 닦으라고 강조하였다. 그가 세운 킹스우드 학교 교과목에 신약성서 히브리어, 성서 그리스어, 라틴어, 프랑스어를 가장 중요한 과목으로 넣고, 특별히 모든 학생이 어학과 고전에 능통한 실력을 갖춰야만 졸업을 하게 하였다. 존 웨슬리는 여행할 때에도 포켓용 그리스어 성경을 갖고 다녔다. 그는 평신도 설교자들에게 자기와 같이 새벽 4시에 일어나서 기도로 하루를 시작할 것과 매일 5시간은 독서와 연구에 바치도록 하고 결코 아무것도 하지 않고 시간을 보내는 일이 없게 하였으며, 시간을 거룩하게 사용하라고 지속적으로 촉구하였다. 그는 특별히 성서 원어를 열심히 공부하고 성경을 원어로 읽는 것이 얼마나 유익한지를 끊임없이 강조하였다. 그래서 평신도 설교자들은 신학교를 가 본 적이 없지만 원어 성서를 줄줄 읽을 수 있었던 것이다. 존 웨슬리의 고전어와 성서 원어에 능통한 실력은 그가 평생 설교하고 학문을 연구하는 데 마르지 않는 원동력이 되었다.(「존 웨슬리의 생애」, 김진두)

모두가 존 웨슬리처럼은 될 수 없어도 한평생 신앙생활하면서 하나님의 말씀 66권을 통독도 하고, 주야로 말씀을 묵상하고 지켜 행하는 복 있는 사람의 삶은 살 수 있다. 그 비결은 가정예배가 알파와 오메가가 되는 것이다.

기도생활은 어떠한가? 신앙생활이란 말씀을 의지해서 숨 쉬는 것처럼 하나님과 교제하는 기도생활임을 확신한다. 쉬지 말고 기도해야 한다. "구하라, 찾으라, 문을 두드리라. 그리하면 응답하시겠다."고 약속하셨다. 성경에 나오는 모든 하나님의 사람들은 기도의 사람들이었다. 기독교 2000년 역사상 위대하게 쓰임 받은 하나님의 사람들은 모두가 기도의 사람들이었다. 영성학자인 포스터의 말처럼 우리 예수님의 삶 역시 누비이불처럼 기도의 생활이셨다. 공생애를 시작하기 전 광야에서 기도하셨고, 제자를 선택하기 전 기도하셨고, 십자가를 앞에 두고 기도하셨고, 십자가 위에서도 쉼 없이 기도하셨고, 승천하신 후에도 하늘 보좌 우편에서 끊임없이 연약한 우리를 위하여 중보기도를 하신다. 예수 믿는 것이 무엇이냐고 묻는다면 기도생활이라고 말하겠다. 사탄은 지금도 다른 모든 일은 다 할지라도 기도만 하지 말라고 우리를 미혹한다. 깨어서 기도하는 삶이 말세 성도가 마땅히 해야 할 일이다. 그러나 바쁘다는 핑계로 내일로 미루고 기도보다 먼저 가는 어리석은 삶을 사는 것이 얼마나 안타까운 일인가? 성경을 백 번 읽고 천 번 기도할 수 있는 근본적인 힘은 하루아침에 얻을 수 있는 것이 아니다. 어려서부터 끊임없이 훈련되고 응답으로 역사하심을 체험하게 될 때, 이루어지는 것이다.

그러므로 가정예배는 영적인 성장과 훈련을 위한 최고의 방편이 되고 은혜를 체험하는 통로다. 가정예배를 드리지 못하는 부모님들의 자녀들이 어떻게 아름다운 신앙생활을 할 수 있단 말인가? "또 어려서부터 성경을 알았나니(딤후 3:15)" 디모데처럼 찬송가 '나의 사랑하는 책'을 자녀들이 부를 수 있도록 가정예배를 지켜 행하는 부모들이 되어야 하겠다.

1. 나의 사랑하는 책 비록 해어졌으나 어머니의 무릎 위에 앉아서
   재미있게 듣던 말 그때 일을 지금도 내가 잊지 않고 기억합니다
   귀하고 귀하다 우리 어머니가 들려주시던 재미있게 듣던 말
   이 책 중에 있으니 이 성경 심히 사랑합니다
4. 그때 일은 지나고 나의 눈에 환하오 어머니의 말씀 기억하면서
   나도 시시때때로 성경 말씀 읽으며 주의 뜻을 따라 살려합니다
   귀하고 귀하다 우리 어머니가 들려주시던 재미있게 듣던 말
   이 책 중에 있으니 이 성경 심히 사랑합니다

11. 가정예배는 웰다잉(well dying)의 축복을 받는다

얼마 전까지만 해도 모든 사람들의 관심은 웰빙(well being)이었다. 그러나 이제는 웰다잉의 시대가 되었다. 교통사고와 암에 걸리지 않으면 모두가 80세 이상 사는 세상이 되었다. 인생 칠십고래희(七十古來稀)라는 말은 옛말이 된 것이다. 옛날에는 시골 마을에서 환갑을 살면 장수했다고 축하하며 큰 잔치를 열었다. 그러나 이제는 노인정에서 환갑노인은 젊은이 취급을 받는 세상이 되었다. 그러나 팔십이나 구십을 산다 해도 대개의 경우 십 년은 병원과 약국신세를 지고

고통 중에 사는 세상이 되었다. 어떻게 하면 건강하게 오래 살 수 있을까? 하다보니 9988234라는 우스갯말까지 만들어졌다. 99세까지 88하게 살다가 2~3일 누워 있다가 죽는 것이 웰다잉이라는 것이다.

그러나 더 중요한 것은 웰엔딩(well ending)이다. 사람의 육체는 흙으로 지음 받았으니 백 년을 살아도 흙으로 돌아간다. 정신(魂)은 심장이 멈추는 순간 혼비백산(魂飛魄散)하고 영혼은 인간에게 주신 하나님의 선물이기 때문에 영원히 사는 것이다. 그럼에도 불구하고 영혼에 대해서 무지했던 진시황제처럼 영원히 죽지 않고 건강하게 살기 위하여 동남동녀 300명을 풀어서 불로초와 불사약을 구했다고 하지 않는가? 하기야 삼천갑자를 살았다는 동방삭이도 영생하지는 못하는 것이다. 그러므로 현대에는 죽음학(Thanatology)에 대한 연구가 활발하게 진행된다. 돈과 권세와 명예와 향락이 영원한 삶에 비교하면 무슨 의미가 있을까? 그래서 옛날 최고의 향락을 누렸던 솔로몬 왕은 헛되고 헛되니 바람을 잡는다고 하지 않았는가? 중세 교부시대의 수도사들은 아침저녁으로 '메멘토 모리'(Memento Mori)라고 인사하며 살았다 한다. 이 말은 라틴어로 "당신이 죽는다는 것을 기억하라."이다. 노년에 솔로몬은 말하기를 "지혜자의 마음은 초상집에 있으되 우매자의 마음은 연락하는 집에 있느니라."고 했으며, 초상집에 가는 것이 잔칫집에 가는 것보다 좋은 일이라고 하였다.

제임스 헤밀턴이 이런 말을 했다.

"아무리 행복한 가족일지라도 항상 똑같을 수 없습니다. 언젠가

V. 가정예배의 중요성

환한 미소는 눈물로 바뀔 것입니다. 저는 당신과 자녀들이 그 뺨에서 모든 눈물을 닦아주실 주님의 친구가 되라고 부탁드리고 싶습니다. 당신의 가족은 조만간 흩어질 것이고 매일 집에서 듣던 그들의 목소리는 더 이상 들리지 않을 것입니다. 그들은 각자 제 갈 길을 갈 것이며 개중에는 먼 곳으로 떠나는 자들도 있을 것입니다. 하지만 벧엘의 하나님이 늘 그들과 함께하시고, 그들은 먼 바닷가에서도 제단을 쌓으며 낯선 이방 땅에서도 하나님의 성호를 찬양할 것이 분명합니다. 그들은 모두 이 땅을 떠나고 당신 혼자 남을 수도 있습니다. 하나 둘 하나님 아버지의 집으로 돌아간 그들은 당신에게 배워서 다 함께 즐겨 불렀던 '모세와 어린양의 노래'를 하늘의 비파를 켜면서 천상의 목소리로 노래할 것입니다. 그리고 당신이 아버지이신 하나님께로 돌아갔음을 확신하고 감사할 것입니다. 생전의 당신 모습과 음성을 기억하지 않고서는 성경본문과 찬송을 고르지 못할 남은 가족들은 날마다 가정예배를 드리던 당신을 본받아 새로 가정 제단을 쌓을 것이기 때문에 당신은 죽었으나 여전히 지금도 그들에게 얘기하고 있는 셈입니다. 그러므로 저는 당신에게 다음과 같은 말을 들려주고 싶습니다."

"당신은 조만간 인생의 거친 바다를 지나
　저 해안에 닿았을 때,
　온 가족이 한명도 낙오하지 않고

천국에 이르렀음을 알고 기뻐할 것이다."

죽음을 눈앞에 둔 사람들은 위대한 가르침을 주는 인생의 교사들
이다. 삶이 더욱 분명하게 보이는 것은 죽음의 강으로 내몰린 바로
그 순간이기 때문이다. 그들이 들려주는 교훈은 인간의 삶에 대한
진실이다. 호스피스 운동의 선구자이며 20세기를 대표하는 정신의
학자인 엘리자베스 퀴블러 로스와 제자 데이비드 케슬러는 누구도
하지 못할 일을 해 냈다. 두 사람은 죽음 직전의 사람들 수백 명을
인터뷰해, 그들이 말하는 '인생에서 꼭 배워야 할 것들'을 받아 적어
살아있는 우리에게 강의 형식으로 전하고 있다. 강의의 제목은 「인
생 수업」이다.

"인간의 몸은 나비가 날아오르는 번데기처럼 영혼을 감싸고 있는
허물임을 확신하기에 이르렀다."

"사랑이야말로 우리가 진정으로 소유하고, 간직하고, 떠날 때 가
지고 갈 수 있는 유일한 것입니다. 그들은 더 이상 직장이나 가족에
대한 좋은 소식, 월급 인상이나 휴가를 기다리면서 내일을 살지 않
습니다. '오늘'의 모든 풍요로움을 발견한 것입니다. 그들은 자신의
가슴에 귀 기울이는 법을 배웠기 때문입니다."

"딱딱하게 굳어진 건 내 동맥뿐만이 아니라는 걸 깨달았어요. 내
마음도 굳어 있었습니다. 아마도 아내가 죽었을 때부터인 것 같아
요. 난 강해져야만 했습니다. 딸들 역시 강하게 자라 주길 바랐고, 그

래서 애들을 아주 엄하게 대했죠. 이제 그 임무는 끝났어요. 나도 예순이 되었으니 내 삶도 곧 끝나겠지요. 더 이상은 그렇게 엄한 아버지가 되고 싶지 않아요. 난 내 딸들이 아버지가 자신들을 무척 사랑했다는 걸 알게 되기를 바라요."

"티모시는 병실에서 딸들에게 사랑을 고백했습니다. 우리들 각자에게는 무한히 선해질 수 있는 가능성 역시 잠재해 있습니다. 대가를 바라지 않고 주는 것, 판단하지 않고 귀기울여 들어주는 것, 조건 없는 사랑을 베푸는 것 등이 그것입니다. 그 가능성이 우리의 목표입니다. 우리가 시도하기만 한다면, 우리는 하루의 매 순간마다 크거나 작은 방법으로 그것에 접근해 갈 수 있습니다."

"오빠는 이렇게 말했어요. 난 네가 자신의 삶과 사랑을 놓치게 될까 봐 걱정이야. 사랑만큼은 절대 놓치지 마. 삶이라는 여행을 하는 동안 사람은 누구나 사랑을 해야만 해. 누구를, 언제, 얼마나 오랫동안 사랑하는가는 그다지 중요하지 않아. 네가 사랑한다는 사실이 중요할 뿐이지. 그걸 놓치지 마. 삶이라는 이 여행을 사랑 없이는 하지 마."

"죽음을 앞둔 사람들로부터 우리는 상실에 대해 흥미 있는 것들을 배울 수 있었습니다. 의학적으로 죽었다가 다시 살아난 사람들로부터도 다음의 공통된 점을 배울 수 있습니다. 첫째, 그들은 한결같이 더 이상 죽음이 두렵지 않다고 말한다는 것입니다. 둘째, 그들은 이제 죽음이란 필요 없어진 옷을 벗는 것처럼 육체를 떠나는 것에

숨겨진 보화

불과하다는 것을 알게 되었다고 말합니다. 셋째, 그들은 죽음 속에서 온전한 자신을 느꼈고, 자신이 모든 사물, 모든 존재와 연결되어 있음을 느꼈습니다. 더불어 어떤 상실감도 느끼지 못했다고 말합니다. 마지막으로, 그들은 절대 외롭지 않았으며 누군가가 자신과 함께 있음을 느꼈다고 말합니다."

세상에서 가장 좋은 삶을 살다 간 존 웨슬리의 마지막 모습이다.

존 웨슬리는 종종 메도디스트들이 죽음을 맞이하는 방식을 자랑스럽게 말하곤 하였다. 존 웨슬리는 평소에 거룩한 삶과 거룩한 죽음에 대하여 기회 있을 때마다 자신이 먼저 본을 보였으며 신자들에게 진지하게 가르쳤다. 존 웨슬리의 죽음의 모습에 대하여는 그의 간호사 역할을 하며 마지막 순간까지 그의 곁을 지켰던 엘리자베스 리치(E. Richie)에 의하여 자세히 기록되고 전해져 온다. 그녀는 존 웨슬리의 오랜 친구이며 서신왕래자였는데, 말년의 존 웨슬리를 돌보며 헌신적으로 봉사하였다.

1791년 2월 25일 금요일, 존 웨슬리는 사람들의 부축을 받아 시티 로드 목사관 의자에 앉았다. 홀로 있기를 원한 그는 사람들을 모두 나가게 하고 잠시 동안 기도하였다. 그리고 곧 도움을 요청하였다. 그는 침대에 눕혀졌다. 고열이 나고 맥박이 너무나 빨리 뛰고 있었다. 사람들은 주치의 화이트헤드 박사를 불렀다. 그는 존 웨슬리의 오랜 친구였다. 런던에 있는 존 웨슬리의 설교자들에게 "존 웨슬리가 위독하다. 기도하라. 기도하라. 기도하라."는 메시지가 급히 전달되었다. 토요일을 평온하게 지내고 27일 주일을 맞았다. 그는 차를 마시고 좀 기운을 차렸다. 그의 얼굴은 기쁨으로 가득해 보였고 같은 찬송을 반복하여 불렀다.

"이 내 몸이 흙 위에 누울 때까지
주여 당신의 종을 지켜주소서.
당신의 자비로 내 생명의 끝 날에
승리의 면류관을 쓰게 하소서."

존 웨슬리는 더 이상 말을 잘 이어가지 못했다. 그는 다시 기운을 내어 무슨 말을 하려고 하였다. 8년 전, 브리스톨에서 병이 나서 죽을 것이라는 생각이 들었을 때에 고백했던 말을 다시 하려고 입술을 움직이고 있었다. 그가 8년 전에 한 말은 이와 같은 것이었다.
"나와 죽음 사이는 불과 몇 발자국밖에는 남지 않았는데, 구원받기 위해서 내가 신뢰할 것은 무엇인가? 내가 나의 구원을 위해서 한 일은 아무것도 없다. 나는 이 말 외에는 외칠 말이 없다. 나는 죄인 중에 가장 큰 죄인인데, 예수 나를 위해 죽으셨도다.
존 웨슬리는 그때 자신이 고백했던 말을 반복하였다.
"나는 죄인 중에 가장 큰 죄인이요, 예수 나를 위해 죽으셨도다."

(I, the chief of sinners, am. But Jesus died for me.)

존 웨슬리는 조용히 눈을 감고 기도하더니 다시 같은 말을 온 힘을 다하여 외쳤다.

"나는 죄인 중에 가장 큰 죄인이요, 예수 나를 위하여 죽으셨도다."

그는 잠깐 동안 편안하게 잠을 자고 깨어난 후에 둘러앉은 사람들의 귀에 분명한 목소리로 이렇게 말하였다.

"예수의 피가 아니면 가장 거룩한 곳에 들어가는 길이 없다."

(There is no way into the holiest but the blood of Jesus.)

존 웨슬리는 3월 1일 화요일에 "많이 아프십니까?"라는 질문에 "아니오."라고 대답하고 마지막 힘을 다하여 찬송을 불렀다.

"모든 영광을 하나님께 돌리라. 그러면 땅 위에 평화가 오리로다."

존 웨슬리는 이 찬송의 구절을 여러 번 반복하여 부르더니 "나는 쓰고 싶다."라고 하였다. 베시 리치가 펜을 손에 쥐어주었지만 그는 펜을 쥘 수 없었다. 베시가 "제가 대신 쓰겠습니다. 말씀하십시오."라고 말하자, 그는 "아무것도 없습니다. 하나님이 우리와 함께 계시는 것밖에는…"이라고 말하고는 더 이상 말을 잇지 못하였다. 그러고는 마지막 힘을 다해서 아이작 왓츠의 찬송을 불렀다.

V. 가정예배의 중요성

"나는 내가 숨 쉬는 동안 나의 창조주 하나님을 찬송하리라.

비록 내가 죽어 내 목소리가 힘을 잃을 때라도

나의 찬양은 더욱 더 높이 울려 퍼지리라.

내 숨이 멎고 기억이 꺼져가도 나의 찬양은 영원하리라."

이제 존 웨슬리는 더 이상 설교할 수 없고, 글을 읽을 수 없고, 쓸 수 없고, 생각할 수도 없고, 기도할 수 없게 되었지만, 아직 찬양만은 할 수 있었다. 이것이 존 웨슬리의 마지막 노래(swan song)였다. 그는 이 찬송을 마지막 숨이 다할 때까지 부르려고 하였다. 그러나 그의 목소리는 더 이상 노래를 이어가지 못하였다. 그는 "이제 우리는 모든 것을 다 하였습니다. 이제는 작별합시다."라고 말하고 다음의 말을 두 번 외쳤다.

"세상에서 제일 좋은 것은 하나님이 우리와 함께 계시는 것이다."

(The best of all is, God is with us.)

존 웨슬리의 이 마지막 유언은 "일평생 하나님과 함께 가장 좋은 삶, 즉 가장 행복한 삶을 살았다."는 선언이었다. 이제 존 웨슬리는 숨이 가빠서 아무 말도 할 수 없는데, 아직도 아이작 왓츠의 찬송의 첫줄 "나는 내가 숨 쉬는 동안 나의 창조주 하나님을 찬양하리라."를 최후의 순간까지 부르고 있었다. 1791년 3월 2일 수요일 아침 10시에 존 웨슬리는 "안녕"(farewell)이라는 작별 인사를 남기고 가장 거룩한 곳 주님의 집에 들어갔다.

메도디스트들은 존 웨슬리가 이 땅의 순례를 마치는 모습에서 존 웨슬리 자신이 가르친 '거룩한 삶과 거룩한 죽음의 예술'(the art of holy living and holy dying)의 표본을 보았다. 존 웨슬리가 죽었을 때 영국에는 메도디스트 신도회에 등록되고 활동하는 신자수가 약 80,000명에 294명의 평신도 설교자가 있었고, 아메리카에는 약 50,000명의 신자와 217명의 평신도 설교자가 있었다. 보다 실제적으로는 영국에서 메도디스트 신도회의 활동을 하지 않고 영국 국교회에 계속 소속하면서 또는 아무 교회에도 소속하지 않은 존 웨슬리의 추종자들이 두 배에서 최고 다섯 배까지 있었다고 추측되었다. 그리고 메도디스트 주일학교와 주간학교에 있었던 메도디스트 어린이 숫자는 약 100,000명까지 되었다.

존 웨슬리와 그의 부흥운동이 미친 사회적 영향력은 신자수보다도 훨씬 위대한 것이었다. 그의 영향력은 영국의 교회를 개혁하고 사회를 성화하고 민족을 구원한 것이다. 그는 영국인의 마음과 생활을 개혁하고 그들의 생활방식과 도덕을 개혁하여 피의 혁명에서 구원하였다. 그는 피 흘리는 혁명의 위기에 처한 영국을 복음과 사랑의 혁명을 일으켜 피 흘리지 않는 혁명으로써 구원하였다. 그리고 그의 성서적 성결을 전파하는 거룩한 혁명은 영국을 넘어 온 세계로 퍼졌으며, 앞으로도 그럴 것이다.

존 웨슬리의 관 위에는 아래와 같은 글이 라틴어로 쓰여 있었다.

"요하네스 존 웨슬리 문학 석사

전 옥스퍼드 링컨 대학 펠로우

1971년 3월 2일 소천

향년 88세"

그는 88세 한평생을 살면서 '거룩한 삶과 거룩한 죽음의 예술' (the art of holy living and holy dying)을 모든 사람에게 보여주었다. 그는 거룩한 삶과 거룩한 죽음을 통하여 진정으로 행복한 인생을 살았다. 그는 오늘도 모든 사람들에게 '성결이 행복이다'(Holiness is happiness)라고 가르치고 있다.(「존 웨슬리의 생애」, 김진두)

그렇다. 우리 모두는 존 웨슬리처럼 복음을 위해 살다가 복음을 위해 죽는 진정한 웰다잉의 주인공이 되어야 하며 가정예배는 웰다잉의 복을 줄 것이다.

12. 가정예배는 순종의 삶을 살게 한다

요사이 대개의 자녀들을 볼 때에 순종하는 모습을 보기가 어렵다. 소젖(우유)을 먹고 자라서 그런지 머리에 뿔을 달고 응당 순종할 일도 고개를 치어 받으면서 "알았다니까요!"라고 한다. 그러나 하나님의 자녀들은 가정에서나 교회에서나 학교에서나 직장에서나 어디에서든지 질서에 순종하여야 한다.

성경의 첫 구절인 창세기 1장 1절 말씀만 잘 깨달으면 얼마든지 순종할 수 있다. "태초에 하나님이 천지를 창조하시니라." 말씀으로 명령하시면 빛이 있었고 광활하고 아름다운 우주와 세상이 창조되었다. 하나님의 말씀에 무조건 순종하였기 때문이다. 마지막 날 하나님의 형상대로 인간을 지으시고 생기를 주심으로 사람은 생령이 되었다. 하나님 보시기에 참으로 좋은 걸작품에게 천하만물을 다 선물로 주셨다. 그리고 생육하고 번성하고 다스리라고 축복을 주셨다. 창세기 2장 16절에서 하나님이 그 사람에게 명령하셨다. 그러나 처음 사람은 불순종하였다. 하나님은 창세기 3장 11절에 "내가 네게 먹지 말라 명한 그 나무 열매를 네가 먹었느냐?"라고 탄식하시고 후회하셨다. "명령에 대한 순종은 에덴동산에서 미덕의 하나였으며 인간이 그곳에 거하는 조건이었고, 창조주께서 인간에게 요구한 것이었다. 믿음이나 겸손 혹은 사랑에 대해서는 아무 언급이 없다. 순종이 이 모든 것을 포함하기 때문이다.

인간의 운명을 결정하는 요소인 순종에 대한 명령은 하나님의 주권 주장과 권세만큼이나 절대적인 것이었다. 인간의 삶에서 순종은 유일하게 필요한 것이었다. 처음부터 끝까지 낙원을 이룰 때부터 회복할 때까지 이 법칙은 변함이 없다. 생명나무와 하나님의 은혜에 가까이 나아갈 수 있는 길은 오직 순종뿐이다.(앤드류 머리)" 이 문제의 해결은 처음과 끝의 중간에 있는 십자가의 예수님을 보면 된다.

"한 사람이 순종하심으로 많은 사람이 의인이 되리라."(롬 5:19)

"죽기까지 복종하셨으니 곧 십자가에 죽으심이라 이러므로 하나님이 그를 지극히 높여"(빌 2:8~9)

"그가 아들이시면서도 받으신 고난으로 순종함을 배워서 온전하게 되셨은즉 자기에게 순종하는 모든 자에게 영원한 구원의 근원이 되시고"(히 5:8~9)

믿음의 조상 아브라함을 보자.

"믿음으로 아브라함은 부르심을 받았을 때에 순종하여"(히 11:8)

"내가 나를 가리켜 맹세하노니 네가 이같이 행하여 네 아들 네 독자도 아끼지 아니하였은즉 내가 네게 큰 복을 주고 네 씨로 크게 번성하여 하늘의 별과 같고 바닷가의 모래와 같게 하리니…또 네 씨로 말미암아 천하 만민이 복을 받으리니 이는 네가 나의 말을 준행하였음이니라."(창 22:16~18)

이삭의 순종을 본다.

"내가 네 아버지 아브라함에게 맹세한 것을 이루어…이는 아브라함이 내 말을 순종하고 내 명령과 내 계명과 내 율례와 내 법도를 지켰음이라."(창 26:3, 5)

이제 모세를 보자.

"너희가 내 말을 잘 듣고 내 언약을 지키면 너희는 모든 민족 중에서 내 소유가 되겠고…"(출 19:5)

우리의 순종과 사랑의 동기로 삼는 신앙만이 아래의 성경말씀을 이해할 수 있다.

"너희 안에 이 마음을 품으라. 곧 그리스도 예수의 마음이니…자기를 낮추시고 죽기까지 복종하셨으니"(빌 2:5,8)

가장 중요한 최후 명령에 대한 순종은 위대한 명령(great Commandment)이고 군사용어이다.

"그러므로 너희는 가서 모든 민족을 제자로 삼아 아버지와 아들과 성령의 이름으로 세례를 베풀고"(마 28:19)

"또 이르시되 너희는 온 천하에 다니며 만민에게 복음을 전파하라."(막 16:15)

"아버지께서 나를 세상에 보내신 것 같이 나도 그들을 세상에 보내었고"(요 17:18)

"오직 성령이 너희에게 임하시면 너희가 권능을 받고 예루살렘과 온 유대와 사마리아와 땅 끝까지 이르러 내 증인이 되리라 하시니라."(행 1:8)

위와 같이 명령하시고 순종하시는 자에게 축복을 주셨다.

"내가…너희와 항상 함께 있으리라."(마 28:20)

제자들은 세상 끝까지 정복할 그리스도 군대의 선봉대였다. 그리고 그리스도께서는 가르치거나 논증하거나 요청하거나 간청하지 않으신다. 단순히 명령하신 것이다. 주님은 제자들을 순종하도록 훈련시키셨다. 그리고 전쟁은 주님이 친히 치르실 것이다. 왜냐하면 하늘 땅의 권세를 가지신 주님이 세상 끝날까지 항상 함께하신다고 약속하셨기 때문이다.

지난 2천 년 교회역사는 본토와 친척을 떠나 십자가의 삶으로 순종한 수많은 선교사들의 피의 대가로 오늘 우리 모두는 구원과 축복을 받았다. 우리가 받은 이 구원과 축복을 '모든 족속', '온 천하', '만민에게', '땅 끝까지', '열방과 족속'에게 전해야 한다. 이 일은 해도 좋고 안 해도 좋은 것이 아니라 반드시 순종해야 하는 것이다.

"교회는 이 명령을 전혀 순종하지 못하고 있다. 이런 명령이 있다는 사실조차 모르는 그리스도인이 얼마나 많은가! 많은 그리스도인들이 이 명령을 듣지만 그 명령에 순종하려고 하지 않는다. 많은 그리스도인들은 자기들이 편한 대로 이 명령에 순종하려고 한다. 포도나무와 가지의 예화를 보도록 하자. 가지는 줄기와 마찬가지로 한 가지 목적, 즉 열매 맺는 것을 유일한 목적으로 삼고 있다. 내가 진정으로 가지라면, 주님이 이 세상에 계실 때와 마찬가지로 오직 열매를 맺는 일, 즉 인간의 구원을 위해 힘쓰는 일을 유일한 삶의 목적으로 삼아야 한다. 또 다른 예화를 보자. 그리스도께서는 나를 그분의 피로 사셨다. 무력 정복에 의해서나 돈에 팔려 종이 된 사람들은 누구도 그리스도의 피로 구속된 내 영혼만큼이나 주인의 전적인 소유가 되지는 않는다. 왜냐하면 내 영혼은 그리스도의 피로 구속되었고,

사랑으로 그리스도께 매여 있기 때문이다. 따라서 내 영혼은 주님이 기뻐하시는 것만을 행해야 하는 주님만의 소유물인 것이다. 주님은 큰 성령의 능력으로 역사하시면서 신적인 권리로 나를 요구하시며, 나는 온전히 그분의 나라를 위해서 살겠다고 고백한다. 이것이 나의 기쁨이요 영광이다."(앤드류 머리)

이제 우리 모두는 즉시 이 일을 위하여 순종의 삶을 시작하여야 한다. 어디서부터 효과적으로 이 사명을 감당할 수 있을까? 로버트 콜만(Robert E. Coleman) 교수에 의하면 예수도 세계 복음화를 위해서 그저 청중을 대상으로 계획 없이 복음만 선포한 것이 아니라 그들을 무시하지 않으면서도 철저한 의도와 계획 속에 12명을 선택하시고 제자로 양육하신 후 그 제자들의 재생산을 통해 세계 복음화를 설계 하셨다는 사실을 되새길 필요가 있다.

그렇다면 가정예배를 통한 가정복음화와 세계 선교를 위한 중보 기도와 훈련은 가정에서부터 시작해야 한다. 그런 의미에서 가정예 배는 아무리 강조해도 부족함이 없다.

"가정을 복음화하는 것은 세계 대부분의 문화에 맞는 전략이다. 가족들은 구원의 복의 수행자이며, 대행자이다. 성도 가정의 일차적 인 임무는 자신의 영성관리와 하나님과의 관계가 중요하다. 일은 언 제든지 할 수 있지만 부부의 영성과 가정을 돌아보는 것이 먼저이다. 우리는 가정을 위해 좀더 시간을 투자해야 한다. 보통은 가정이 일차적으로 내려놓아야 할 대상이 아니라 사역이 우선적으로 내려놓아야 할 대상인 경우가 많다. 우리는 주님께 늘 묻고 그 뜻에 민감하게 반응해야 한다. 이렇게 될 때 복음 안에서 가정도 살고 교회도 살고 민족도 살 수 있다. 우리의 2세에게 하나님의 말씀이 없으면 우리의 가정과 교회와 민족에게 희망이 없기 때문이다. 오직 이 길만이 우리가 주님 오실 때까지 복 받은 민족으로 영원히 살아남을 수 있는 방법이다. 영원의 관점에서 보면 자녀 선교는 국제연합(UN) 활동보다 더 중요한 것이다. 인간 역사를 위한 하나님의 궁극적인 목적은 선교 성취 여부에 따라 이루어진다. 선교는 주의 뜻이고, 그 임무를 성도에게 맡기셨기 때문이다."(현용수)

가정예배를 통한 세계 선교의 비전과 성취를 상상해본다. 세계에 흩어진 선교사들의 가정에서 사랑하는 자녀들과 함께 가정예배를 드리며 선교사역을 위하여 중보기도하는 아름다운 모습을 그려본다. 선교사 사택 앞마당에서 뛰어놀며 자라는 한국에서 파송된 2만 선교사들의 자녀들이 세계를 품에 안고 구원을 위하여 쓰임 받는 선교사들이 되고, 후원자들이 될 것이다. 일천만 성도들의 모든 가정이 자녀들과 함께 가정예배를 드리고 두 손을 들고 대신 선교지로 파송된 선교사들의 가정과 사역 그리고 선교사 자녀들을 위하여 기도할 때 하나님께서는 가정과 자녀들을 축복해 주실 것이다. 그러한 성도들의 가정이 6만 교회에 차고 넘칠 때 은혜의 물결은 흘러 넘쳐 종말의 시대에 한국 교회는 21세기 세계 선교를 담당하는 주역으로 쓰임 받게 될 것을 확신한다.

생각만 해도 구름 위를 나는 것 같다. 그렇다. 세계 선교는 최고의 축복이고 기도의 응답이다. 가슴에서 흘러넘치는 찬송에 기쁨이 넘친다. 살맛이 난다. 우리 모두에게 이 축복이 함께하시기를!

1. 갈릴리 마을 그 숲속에서 주님 그 열한 제자 다시 만나시사
   마지막 그들에게 부탁하시기를 너희들은 가라 저 세상으로
   가서 제자 삼으라 세상 많은 사람들을
   세상 모든 영혼이 네게 달렸나니
   가서 제자 삼으라 나의 길을 가르치라
   내가 너희와 항상 함께하리라

2. 지금도 우리 주 찾아오사 어두워져가는 저 세상 바라보며
   마지막 우리에게 부탁하시기를 너희들은 가라 저 세상으로
   가서 제자 삼으라 세상 많은 사람들을
   세상 모든 영혼이 네게 달렸나니
   가서 제자 삼으라 나의 길을 가르치라
   내가 너희와 항상 함께 하리라

가정주일에 드리는 가정예배

박희권 목사(청주 사도교회 담임)

가족이 함께하는 주일

우리교회에는 일 년에 4~5차례 가정주일이 있습니다. 다섯 주가 있는 달 마지막 주일이 가정주일입니다. 가정주일에는 평소 예배와는 다른 형식의 예배를 드립니다. 또한 모든 성도나 교역자가 일체의 다른 봉사나 사역 없이, 온 가족이 함께 예배를 드립니다.

이런 예배를 시도하게 된 데에는 한 가지 원인이 있습니다. 어느 날 한 집사님의 딸이 이런 불평을 하였답니다. "우리 가족은 함께하는 때가 없어. 남들은 쉬는 주일에 아빠는 아빠대로, 엄마는 엄마대로 교회 일에 바빠서 밥도 한 번 같이 먹지 못하고, 예배도 같이 앉아서 못 드리잖아." 그렇습니다. 신앙생활을 하지 않는 사람들이나 열심 없는 성도들은 주일에 가족끼리 나가서 외식하고, 관광 하고, 놀

이동산도 가는데 신앙생활을 열심히 하는 성도들은 놀이동산, 관광은 그만두고라도 외식 한 번 가족끼리 제대로 하지 못합니다. 게다가 교회에서도 가족이 함께 한자리에서 예배를 드리지 못하고 뿔뿔이 흩어져 서로 봉사에 바빠 얼굴도 제대로 보지 못하는 경우가 많습니다. 이래서는 안 된다고 생각했지만 딱히 그 문제를 해결할 수 있는 방법이 쉽게 떠오르지 않았습니다. 그러다 착안한 것이 바로 가정주일이었습니다.

가정주일 가정예배

가정주일에는 오직 11시에만 예배가 있습니다. 차량운행도 하지 않고, 안내도 안 하고, 헌금위원도 없습니다. 식당에서 식사를 준비하지도 않고 성가대도 준비하지 않습니다. 심지어는 교회학교 예배도 11시에 어른과 합동으로 드리며, 재무도 하지 않습니다. 11시 예배에 전 교인이 가족 단위로 참여합니다. 평소 교회에서 이루어지는 봉사를 쉬어야만 가족이 모두 함께 모일 수 있기 때문입니다.

오직 예배순서를 맡은 사람들만 미리 준비하고, 맡은 시간에 나와 인도를 합니다. 어쩔 수 없이 동원되는 인원은 예배 담당자들과 방송실 요원뿐입니다. 하지만 이들도 해당된 순서에만 참여하고 나머지 시간은 가족과 함께 앉아 예배를 드립니다.

11시 예배를 드린 후에는 가족이 함께 점심식사를 하고, 오후 시간을 보낸 후, 저녁예배는 가족끼리 가정예배로 드리게 됩니다. 가

V. 가정예배의 중요성

정예배는 가정에서든, 불우이웃 시설에서든, 놀이동산에서든 가족이 함께 모여 교회에서 제시한 예문에 의해 예배를 드리면 됩니다. 단 예배를 분명히 드렸다는 증거로 일종의 보고서인 알림장을 교회에 제출해야 합니다.

이렇게 가정주일은 가정의 귀중함을 느끼고 가족의 결속을 도모하는 등 교회 임원들에게 새로운 신앙의 활력을 불어넣기 위해 마련된 프로그램입니다.

특별한 예배, 특별한 은혜

그런데 가정주일도 주 5일제 근무가 실시되어 가족단위로 함께하는 시간이 마련되면서 필요성이 약화되었다는 목사의 판단 하에 가정주일을 폐지하려 하였습니다. 그러나 임원 전원이 이를 반대하고 주 5일제와는 달리 가정주일이 주는 은혜가 특별하기 때문에 존속하기를 원하여 그대로 진행하고 있습니다. 가정주일예배의 독특한 진행과 담당자들의 훈련, 역동적이고 감동적인 예배가 가족에게 주는 은혜가 특별하다는 것입니다.

가정주일 예배 형식은 이렇습니다. 전체적으로 열린 예배, 음악예배의 형태를 취합니다. 예배를 시작할 때는 영상으로 가족에 대한 편지를 읽거나, 가족찬양, 또는 무대에 나와 가족에게 전하는 마음의 편지를 낭독합니다. 이어서 행복, 사랑, 가정, 감사, 믿음의 가정, 부부, 부모 등의 주제와 연결되는 찬양을 청중과 인도자가 함께 불러 하나로 동화되고, 가정을 주신 하나님께 감사하는 마음을 느끼게 됩니다. 헌금은 강단 앞에 가족 단위로 나와 함께 드리고, 이어서 특별한 순서들이 진행됩니다.

그 중의 하나가 가족기도 시간인데 이 시간에는 부모님이 자녀들의 머리에 손을 얹고 축복기도 하며, 자녀들은 부모님을 끌어안고 기도합니다. 이 시간이 되면 정말 함께 끌어안고 울며 기도하는 가정이 많습니다. 특별히 가족이 함께하지 못한 성도들을 위해 기도하는 시간도 가져 그들의 허전한 마음을 달래 줍니다.

또 이벤트 형태로 부모님 모르게, 멀리 나가 있는 자녀들의 영상편지와 행복한 가정의 모습을 소개하기도 합니다. 많은 순서보다는 참신한 순서 하나를 귀중히 여기기 때문에 매번 가정주일을 기대하게 하는 효과를 얻기도 합니다.

설교는 주제에 해당되는 내용을 아주 간단하게 5분 정도 전하는데, 성도들은 이렇게 즉시 생활에 적용되는 설교에 더 은혜를 받는다고 합니다.

열심 있는 성도 가족을 위한 가정주일, 가정예배는 교회뿐 아니라 하나님이 세우신 가정을 더 사랑이 넘치는 은혜의 터전으로 만들 것입니다.

「기독교세계」 1993년 5월호

주일학교 교육과 가정예배

유영희 장로

1. 선교 초기의 교회 교육과 가정예배

1884년 6월 24일 맥클레이가 고종황제에게 받은 선교 윤허는 사실 교회선교가 아니라 교육과 의료사업에 대한 윤허였다는 것은 우리가 이미 아는 사실이다. 그러나 사실은 선교가 제일 목적이고 교육이나 의료사업은 부수목적이었다는 것은 숨길 수 없다. 어쨌든 받은 윤허가 그것이니 그것을 전면에 내걸고 그 뒤에서 본래 목적을 충족시켜야 했으니 그때 고충도 이해할 만하다. 그래서 서당식의 당시 한국교육에서 신교육 기관을 많이 만들고 또 그것을 통해 선교(전도) 활동을 전개했었다. 닭이 먼저냐 달걀이 먼저냐? 하는 말과 같이 전도활동과 교육활동을 부합시켜 앞뒤 가리지 않고 추진시켜 나갔다. 감리교회가 섰다 하면 꼭 학교활동이 있었다. 어쨌든 한국 선교활동이 신문화 신문명의 문을 열게 한 공은 한국역사에서 지울 수 없는 사실이 되었다.

1885년 봄, 감리교와 장로교의 선교사 두 사람(부인까지 3명)이 제물포에 상륙한 이래 1886년 6월까지 약 1년은 언어와 기타 여러가지 사회적 정치적 제약으로 선교 준비기에 불과했다고 봄이 타당하다. 1886년 6월 8일 서울 정동에 7명의 학생으로 배재학당이 섰고(정동교회를 본거지로) 같은 해 같은 달에 단 한 명의 학생으로 이화학당이 시작되었다. 인천(제물포)에는 1889년부터 선교를 시작하였으나 1892년 4월에야 영화학교를 시작했다. 또 평양에는 1894년에 광성학교, 그리고 1900년에는 공주에 영명학교를 세웠다.

1893년 봄 수원에 삼일학교(현 삼일학교 및 매향여학교)를 세우고 1910년에 이천에 양정학교와 1898년 7월에 배화를, 1903년 원산에 루씨학당, 1904년 11월 개성에 호수돈여학교를, 1906년 10월에 한영

서원(송도고보) 등을 세웠는데 모든 학교가 개교 당시에는 학생이 10명 내외였다.

이 모든 학교(현재는 저명함) 외에도 수없는 학교들이 사립학교라는 이름 아래 교회 곁에 설립되었는데 이 이야기는 교회학교(주일학교)에서 해야 할 교육을 이들 학교에서 하고 있었다는 의미에서 단순교육 목적이 아닌 견지에서 의의가 크다고 하겠다. 교회의 이같은 교육활동은 사회적 여건과 기존 종교들의 거센 방해에도 불구하고 밝아오는 한국(조선)의 새 문명의 물결을 막을 수는 없었다. 교회는 뜻있는 젊은이들의 동경의 장소였으며 교회 목사, 전도사의 교육적 연사는 그들이 아무런 비판없이 받아들일 정도로 힘이 있었다. 그러나 한 가지 유감스러운 것은 그들에게 조직적으로 교훈할 교회교육 시설이 미비된 점과 성경 외에는(그것도 쪽복음이 태반) 교재가 없었다는 점과 가르칠 훈련받은 지도자가 전무하였다는 점이다.

2. 1930년에서 해방까지의 형편

1930년 12월 남북 감리교회가 합동하여 기독교조선감리회가 되면서 감리교회 본부인 총리원에 교육국이 신설되었다. 아직 모교회(母教會)이었던 미국이 남감리교회와 북감리교회로 나뉘어 있는데 한국(조선)에서는 하나가 되어 자립을 선언하였으니 자랑스러운 일이었다. 그뿐인가! 아직 모교회인 미국에서도 교육국을 못 두었는데 한국(조선)에서는 교육국을 두었으니 이것은 타 교단을 앞선 역사적 사실이었다.

하지만 모든 것을 미국에서 배워야 했고 그들의 지도 아래서 이루워졌다는 사실이 아쉬운 일이었다. 그때 총리원에는 총리사(감독)가 양주삼 목사였고 총리원을 중심한 감리교 평신도 지도자에는 윤치호, 신흥우, 김활란 등 쟁쟁한 인물들이 있어 교육활동을 추진시키는데 선도적 역할을 했었다. 총리원에는 선교국, 교육국, 사회국 등의 부서를 두고 있었으나 교육국만이 유급 총무와 간사들이 있어 힘있게 움직이는 부서였고 선교국이나 사회국은 명예총무가 있을 뿐 교육국처럼 힘찬 활동은 없었다.

그때의 교육국은 교육국 부서로 주일학교부 청년부가 있었으며 교육국 직원은 우리가 잘 알고 있는 류형기 목사, 이환신 목사, 김폴린 선생 등을 비롯해 김기연, 정달빈 목사 등 모두 유능한 지도자가 일하고 있었다. 특히 류형기 목사 이환신 목사 김폴린 선생은 미국에서 교육을 전공하고 돌아와 김폴린 선생은 주일학교부를, 이환신 목사는 청년부를, 류형기 목사는 출판사업을 전담하고 있었던 것으로 알고 있다.

교육국은 교재를 만들어 출판하는 한편, 각 지방 일선 교회의 주일학교 지도자 양성사업에 주력했다. 주일학교 교사 강습회를 주최하고 교육국 직원들이 출장하여 직접 지도했다. 금강산 온정리에 감리교 수양관이 있어서 매년 여름마다 전국적인 주일학교 교사 하령회(여름수련회라는 뜻)가 성황을 이루었다.

그 당시의 주일학교는 요사이처럼 분반하여 반별 교사와 교육활동이 이루어지지를 못했다. 반별 출석부는 있으나 공과공부는 대개는 통반(합반)으로 재간 있는 교사 한 사람이 가르쳤다. 그래서 저학년 어린이와 고학년 어린이가 함께 어울려 공부했으니, 이해력이 서로 다른 어린이들이 공부내용을 소화하지 못하는 것이 많았다. 그러나 지도자들의 열성적인 태도에 크게 영향 받았다.

그때는 비교적 공부시간에 어린이들이 매우 조용히 듣고 있었다. 그것은 요사이처럼 어린이들을 자유롭게 내버려 두지 않았기 때문이다. 간혹 떠드는 어린이가 한두 명 보이면 꾸짖고 교실에서 퇴장시키곤 하였다.

요사이와 다르게 그 당시는 매주일 신입생 모집을 했다. 지금처럼 TV나 전자 오락이 없는 때라서 신입생이 많았다. 신입생에게는 예쁜 그림카드를 주었고 또 선물도 주었다. 그래서 반 학생이 갑자기 10명에서 20명으로 불기도 하고 처음 신입한 어린이가 며칠 후에는 일반학교가 새학기가 되는 바람에 한 반 올라가기도 했다.

청년부(엡웟청년회) 공부할 때 엡웟청년회는 요즘의 MYF처럼 연령 구분이 확실치 않아 소년이 있는가 하면, 청년 몇몇 장년 등도 합석하는 이색 청년회였다.

1930년대부터 해방까지 교회의 주일학교 교육중 교사 학생 모두가 가장 열심이었고 또 자랑할 만한 교육은 장년 공부였다. 주일예배시간 바로 한 시간 전에 시작하여 예배 시작 직전에 끝나는 장년 공부는 매우 소중한 소위 장년 주일학교인 장년들의 성경공부였다. 지금 노년들은 알고 있겠지만 반조직은 확실치 않았으나 대개는 교사 한 사람이 남녀 모든 장년을 대상으로 하는 성경강의 형식의 교육은 크게 보람이 있었다.

이 무렵의 가정예배는 꼬집어 이렇다할 것이 없다. 다만 신실한 직분(장로가정 등)의 가정이 주로 조반 때나 저녁 후 가족끼리 모여 앉아 성경을 읽고 기도하는 간단한 가족기도회가 곧 가정예배라 할 수 있었다.

3. 해방 이후(1945년~현재)의 형편

해방과 더불어 한국교회는 새로운 교육의 바람이 불기 시작했다. 소위 '새 교육'이다. 우선 주일학교(Sunday School)를 교회학교(Church School)로 부르게 되었다. 주일 한 시간만 교육하는 주일학교가 아니라 한 주일 7일의 밤과 낮 전부가 교육시간이라는 뜻에서 바꾸어 놓은 이름이다. 교육 효과를 올리기 위해 지금까지는 만국 통일 공과로 공부하던 교재를 각 학년을 나누어 가르치는 계단공과로 가르치기로 했다. 말은 쉽지만 그 실천이 매우 어려워 8부제(영아 유치 유년 초등 중등 고등 청년 장년)의 교육은 허공을 치는 것처럼 실적이 오르지 못하고 있다.

그 이유의 몇 가지는 계단 중심 교재 마련이 쉽지 않고 훈련받은 교육전문 교사(지도자)가 없고, 교실이 부족하고, 교회 자체의 성의(재정 교육 이해) 부족을 들 수 있다. 어린이도 1년 학기초에 입학(등반)하면 신입생은 안 받는다는 교육이론이 장점도 되었으나 크게 단점으로 부상하고 있다. '새 교육'이 새 교육 이론대로 못할 바에야 차라리 옛 교육이 더 좋다라고 하기도 한다.

교육국에서는 이 난관을 극복하기 위해 안간힘을 쓰고 있으나 일선교회가 따라오지 못하고 있다. 교회학교 교사 수련회를 열고 자격증을 주는 등 별별 노력을 하지만 열매를 맺지 못하고 있다.

가정예배도 해방 후 다락방교재, 또 선교국 발행 가정예배서를 출판(근자에는 평신도국이 발행)하여 많은 부수가 나가고 있는 것을 보아 감리교인 각 가정이 가정예배에 힘쓰고 있다고 할 수 있으나 그 수는 알 수 없다.

4. 맺는 말

건전한 신앙은 확실한 교육(교회학교 교육 중심) 위에 쌓아 올려야 함을 모두가 다 알고 있으면서도 근자의 교회 활동은 교육부재라고 한다면 잘못된 비판이라고 하겠다. 여하튼 옛날의 그 교육열성이 요즘에는 찾아 보기 힘들다. 주일학교(교회학교)도 그렇고, 사경회도 그렇고 모두 모양만인 것 같아 보인다. 교육이 살지 못하면 앞날의 참다운 교회 부흥은 기대하기 어렵다고 생각된다.